भारत के जाँबाज

भारत के जाँबाज

भारतीय सेना के अदम्य साहस की अनकही कहानियाँ

लेफ्टिनेंट जनरल सतीश दुआ *(सेवानिवृत्त)*

प्रभात प्रकाशन

प्रकाशक • **प्रभात प्रकाशन प्रा. लि.**
4/19 आसफ अली रोड,
नई दिल्ली–110002

संस्करण • 2025
मूल्य • पाँच सौ रुपए
कवर आवरण • गेविन मोरिस
कवर चित्र • शटरस्टॉक
अनुवाद • विवेक कुमार झा
मुद्रक • आर–टेक ऑफसेट प्रिंटर्स, दिल्ली

BHARAT KE JANBAAZ
(HINDI TRANSLATION OF INDIA'S BRAVEHEARTS)
by Lt Gen Satish Dua (Retd) ₹ 500.00
Published by Prabhat Prakashan Pvt. Ltd., 4/19 Asaf Ali Road, New Delhi-2
by arrangement with Rohan Prakashan, Pune
e-mail: prabhatbooks@gmail.com ISBN 978-93-90923-74-8

समर्पित

हर शूरवीर भारतीय सैनिक को,
जो बहुत कम अपेक्षा रखता है,
पर देश की रक्षार्थ अपना सर्वस्व न्योछावर करने और
अपने प्राणों का बलिदान तक करने के लिए
सदैव तत्पर रहता है।

प्रस्तावना

लेफ्टिनेंट जनरल सतीश दुआ एक कॉमरेड-एट-आर्म्स और मेरे प्रिय मित्र हैं, जिनके साथ मैंने सेना और सेना से बाहर काफी समय बिताया है। एक लीडर, जिनका कश्मीर की बर्फीली ऊँचाइयों से लेकर पूर्वोत्तर के घने जंगलों तक एक उत्कृष्ट कॅरियर रहा है, जहाँ उन्होंने हमारे बाह्य व आंतरिक विरोधियों के साथ सख्ती और बुद्धि-कौशल का अद्भुत सम्मिश्रण किया है। यादों और उपाख्यानों से भरी उनकी पुस्तक 'भारत के जाँबाज', जो सर्वोत्कृष्ट भारतीय सैनिकों की असाधारण जीवन-गाथा है, को प्रस्तुत करते हुए मुझे बहुत प्रसन्नता हो रही है।

इस पुस्तक में भारतीय सैनिकों की बहादुरी और अद्भुत शौर्य-प्रदर्शन के किस्से आपको गर्मजोशी से भर देंगे। मुझे आशा है कि वे सभी पाठकों, विशेषकर हमारी युवा पीढ़ी, के दिलो-दिमाग को प्रज्वलित करेंगे, जो प्रेरणा और मार्गदर्शन के लिए इसकी ओर देखते हैं। उन लोगों के लिए, जिन पर पहले से ही यह रंग चढ़ा हुआ है, यह पुस्तक यादों की एक अद्भुत यात्रा है।

लेफ्टिनेंट जनरल सतीश दुआ से बेहतर कथाकार कोई नहीं मिल सकता था और इस पुस्तक में उन्होंने अपनी लेखन क्षमता भी प्रदर्शित की है। मैं उन्हें उनकी पुस्तक की सफलता के लिए शुभकामनाएँ देता हूँ।

जय हिंद!

(जनरल एम.एम. नरवणे)

भारत के थलसेनाध्यक्ष

मेरी बात

मेरी उम्र दस या ग्यारह साल की रही होगी, जब मैंने तय किया था कि मैं भारतीय सेना में जाऊँगा। सोलह-सत्रह साल की उम्र में जब मुझे नेशनल डिफेंस एकेडमी (NDA) में प्रवेश के लिए कॉल लेटर मिला, तब तक मैं एक मेडिकल कॉलेज में दाखिला ले चुका था। इसलिए मैंने एम.बी.बी.एस. का पहला सेमेस्टर पूरा करते हुए घर आकर अपने माता-पिता से बात की। मैंने अपने माता-पिता को इस बात के लिए मना लिया कि वे मुझे मेडिकल की पढ़ाई छोड़कर सेना में जाने की अनुमति दे दें। मुझे इस बात का कभी कोई पछतावा नहीं रहा।

मैंने एकेडमी में यथोचित प्रदर्शन किया, कमांडो इंस्ट्रक्टर बना और अंततः सेना में लेफ्टिनेंट जनरल के पद से सेवानिवृत्त हुआ। इस दौरान मैंने आतंकवाद-विरोधी ऑपरेशनों में भी विशेषज्ञता हासिल कर ली थी। संभव है कि आपने मेरा नाम न सुना हो, लेकिन आपने उड़ी में हुए आतंकी हमले की जवाबी काररवाई के रूप में वर्ष 2016 में कश्मीर में की गई सर्जिकल स्ट्राइक के बारे में जरूर सुना होगा। कोर कमांडर के रूप में यह मेरा आखिरी ऑपरेशन था।

मैंने सशस्त्र बलों को अपने जीवन के 29 साल दिए। इस दौरान तमाम सैन्य अभियानों में मैंने सफलता और असफलता दोनों का स्वाद चखा। कई बार ऐसा हुआ कि मौत मेरे बेहद करीब से होकर निकल गई,

लेकिन मैं बच गया। दुर्भाग्यवश, मेरे कुछ प्रिय साथी इन अभियानों में वीरगति को प्राप्त हो गए। सेना में हमारे कई मित्र बने। यूँ कहिए कि सेना में हमारे अपने करीबियों की एक बिरादरी-सी बन गई। यही एक सैनिक की जिंदगी होती है। यही मेरी कहानी है।

मेरी कहानी भी सेना के एक ऐसे अधिकारी की कहानी है, जिसने यह सीखा कि एक सैनिक के रूप में कैसे रहना चाहिए, कैसे प्रशिक्षित करना चाहिए और फिर सिपाहियों के साथ युद्ध में कैसे जाना चाहिए। मैंने सीखा कि ऑपरेशन की योजना किस तरह से बनानी चाहिए, ताकि निर्दोष लोगों को कोई हानि न पहुँचे। सैनिकों का साहसपूर्वक नेतृत्व कैसे किया जाए, स्पष्ट राह नजर न आने पर भी निर्णय कैसे लिया जाए और अपने डर को कैसे जाहिर न होने दिया जाए। मैं हमेशा कहता हूँ—आतंकवाद का मुकाबला करना सबसे कठिन ऑपरेशन होता है। यह गोलियों के साथ शतरंज खेलने जैसा होता है, जहाँ शह और मात का खेल वास्तविकता में होता है।

हर इन्फैंट्री ऑफिसर की ख्वाहिश होती है कि वह उसी यूनिट का सी.ओ. बने, जिसमें उसकी कमिशनिंग हुई थी और वह चाहता है कि लड़ाई में वह अपने सैनिकों का नेतृत्व करे। मुझे वर्ष 1998 की गरमियों में ये दोनों सौभाग्य मिले। उस साल मुझे कर्नल के पद पर पदोन्नत किया गया और 8 जम्मू व कश्मीर लाइट इन्फैंट्री (सियाचिन) की अपनी बटालियन के कमांडिंग ऑफिसर (सी.ओ.) के रूप में नियुक्त किया गया। इस बटालियन को 'ब्रेवेस्ट ऑफ द ब्रेव' का आधिकारिक सम्मान प्राप्त है। हमारी यूनिट की तैनाती जम्मू व कश्मीर में नियंत्रण रेखा के पार, ऑपरेशन की दृष्टि से बहुत ही सक्रिय इलाके में थी।

यह मेरे सैन्य जीवन से जुड़ी कहानियों का संग्रह है, जिनमें ज्यादातर कहानियाँ तब की हैं, जब मैं सी.ओ. के पद पर था। इसमें

ऑपरेशन, जोखिम, ऑपरेशन में जिंदगी का बाल-बाल बच जाना, बहादुर सहकर्मियों की कहानी और एक सिपाही के जीवन के तमाम अनदेखे पहलू, जिनमें कठोर प्रशिक्षण से लेकर बेहतरीन अस्पतालों तक की कहानियाँ शामिल हैं—सबका जिक्र किया गया है। ये अस्पताल सुनिश्चित करते हैं कि एक सैनिक फिर से युद्ध के मैदान में लौट सके और देश-सेवा कर सके।

अपने सी.ओ. के कार्यकाल के दौरान मैंने जीवन के कई महत्त्वपूर्ण पाठ, रणनीति और सहानुभूति की बातें सीखीं। इन अनुभवों ने मुझे कई बार भावनात्मक रूप से बेहद संवेदनशील बना दिया तो कई बार बेहद ही निर्मम। इसके अलावा, इन अनुभवों ने मुझे अपने सैनिकों एवं ईश्वर पर भरोसा करना सिखाया और सकारात्मक सोच की शक्ति को पहचानना सिखाया। इन सबसे ऊपर, इसने मुझे यह सिखाया कि स्पष्ट राह नजर न आने के बावजूद किस तरह से फैसले लेने चाहिए। मुझे खुशी है कि मेरे अधिकारियों, मेरे सैनिकों और मेरी अंत:वृत्ति ने मुझे कभी निराश नहीं किया।

मुझे आशा ही नहीं, विश्वास भी है कि आपको ये कहानियाँ पसंद आएँगी।

जय हिंद!

आभार

मेरे पिता हमेशा चाहते थे कि मैं एक पुस्तक लिखूँ और मैं उन्हें हमेशा कहता था कि "मैं तो सैन्य गतिविधियों में बहुत व्यस्त हूँ, पिताजी।" तो वे कहते, "ठीक है, फिर रिटायरमेंट के बाद लिखना।"

"यह पुस्तक आपके लिए है, डैडी! आप हमेशा मेरे लिए एक रोल मॉडल रहे हैं।" धन्यवाद।

मैं अपने पहले लेखन उद्यम में श्रीअरविंद और दिव्य माँ के आशीर्वाद की प्रार्थना करता हूँ।

अपनी पत्नी आराधना और बेटों—अदम्य एवं अरदमन को धन्यवाद करना चाहता हूँ, जो न केवल ऑपरेशनल क्षेत्रों में मेरी तैनाती के कारण वर्षों तक मुझ से दूर रहने के बावजूद साथ में खुशी-खुशी काम करते हैं, बल्कि मेरे किस्सों को सुनने, उनके धैर्य से पढ़ने और सुझाव देने के लिए भी। मैं अपने छोटे बेटे अरिदमन, जो कि मेरा मैनेजर भी है, को विशेष रूप से धन्यवाद देना चाहता हूँ।

कुछ करीबी दोस्तों ने मुझे लिखने के लिए प्रोत्साहित किया, जब मैं अनिच्छुक था; लेकिन मैं हर शब्द को पढ़ने और मूल्यवान् सुझाव देने के लिए पैरा कमांडो कर्नल अनिल नायर, सेना मेडल, दो वीरता पदक विजेता को विशेष धन्यवाद देना चाहता हूँ।

अंत में, मैं अपनी जाँबाज 8 जम्मू एंड कश्मीर लाइट इन्फैंट्री (सियाचिन) बटालियन के अपने सभी वरिष्ठों, बहादुर अधिकारियों एवं सैनिकों को धन्यवाद देता हूँ और उन वरिष्ठों, अधिकारियों तथा सैनिकों को भी, जिन्हें अपने पूरे कॅरियर में कमांड करने का या साथ में सर्विस करने का मुझे सौभाग्य प्राप्त हुआ।

जय हिंद!

अनुक्रम

1

एल.ओ.सी. के पार सर्जिकल स्ट्राइक

सुबह होने में अभी थोड़ा वक्त था। अचानक मेरे फोन की घंटी बजी और मेरी नींद खुल गई। यह बारामूला डिवीजन के जनरल ऑफिसर कमांडिंग (GOC) का फोन था—"सर, हमारे उड़ी बेस पर आतंकवादियों ने हमला कर दिया है और यहाँ हालात बहुत गंभीर हैं।"

यह सुनकर मेरी तो नींद ही उड़ गई। बिना जी.ओ.सी. के यह कहे ही मैं समझ सकता था कि यह हमला कितना गंभीर रहा होगा। अगर आतंकवादियों ने सीधे मिलिट्री बेस पर ही हमला किया है तो जाहिर है कि वे एक आत्मघाती मिशन पर निकले हैं और जब कोई इनसान मरने के लिए तैयार होकर आता है तो मरने से पहले वह भयानक नुकसान और भारी संख्या में लोगों को हताहत करके जाता है। कुछ ही मिनटों बाद एक और फोन कॉल ने इस बात की पुष्टि भी कर दी।

करीब आधे घंटे में मुझे सारी जानकारी मिल चुकी थी। एल.ओ.सी. के काफी नजदीक मौजूद हमारे उड़ी बेस पर चार आत्मघाती आतंकवादियों ने हमला कर दिया था और उन्होंने भारी संख्या में हमारे जवानों को हताहत किया था। गोलाबारी के दौरान एक लंगर में आग भी लग गई, जिसकी वजह से मरनेवालों की संख्या में दुर्भाग्यवश और भी इजाफा हो गया।

अपने चार दशक के कॅरियर में मैंने कई कठिन परिस्थितियों का सामना किया है, जिनमें से ज्यादातर आतंकवाद-रोधी मिशन शामिल हैं।

लेकिन 18 सितंबर, 2016 के उस रविवार को जो कुछ हुआ, वह कुछ ज्यादा ही दु:खदायी था। हमने अपने 18 सैनिकों को खो दिया था।

18 युवा जवानों ने अपने जीवन का बलिदान दिया और यह सब मेरी कमांड में हुआ, मेरी जिम्मेदारी के दायरे में हुआ। मैंने अपनी चाय पीनी शुरू ही की थी, लेकिन अचानक अब वह चाय बेस्वाद लगने लगी थी। चाय बीच में ही छोड़कर मैं हेलीपैड पर जाने के लिए तैयार होकर लॉन में निकल गया। मुझे उड़ी ले जाने के लिए चॉपर आने ही वाला था। लेकिन जब तक हेलीकॉप्टर आता, मैं थोड़ी देर के लिए अकेला रहना चाह रहा था। रोज की तरह आज भी आसमान बिल्कुल साफ और दिन बिल्कुल स्पष्ट था—अच्छा मौसम, सूरज की साफ रोशनी; लेकिन मेरे लिए यह एक काला रविवार था, मेरे जीवन का सबसे काला दिन।

18 युवा जवानों ने अपने जीवन का बलिदान दिया और यह सब मेरी कमांड में हुआ, मेरी जिम्मेदारी के दायरे में हुआ। मैंने अपनी चाय पीनी शुरू ही की थी, लेकिन अचानक अब वह चाय बेस्वाद लगने लगी थी। चाय बीच में ही छोड़कर मैं हेलीपैड पर जाने के लिए तैयार होकर लॉन में निकल गया।

आतंकवादियों ने अपने लक्ष्य और समय का चयन बहुत अच्छी तरह से किया था। उन्हीं दिनों बटालियन में बदलाव चल रहा था। दरअसल, ज्यादा ऊँचाई वाले इलाकों में एक बटालियन अधिकतम दो सर्दियाँ काट सकती है। 9,000 फीट से अधिक ऊँचाई को हाई एल्टीट्यूड माना जाता है और एल.ओ.सी. पर हमारी अधिकांश पोस्टें 9,000 से लेकर 12,000 फीट तक की ऊँचाई पर स्थित हैं। अगर इतनी ऊँचाई पर सैनिकों को ज्यादा लंबे समय तक रखा जाता है तो

हवा में ऑक्सीजन की कमी और बर्फ के मौसम में अत्यधिक ठंड होने के कारण उन्हें वहाँ स्वास्थ्य संबंधी परेशानियाँ होने लगती हैं। इसलिए बटालियन की ड्यूटी तकरीबन 2 साल में बदलती रहती है।

इस तरह, उड़ी में पहले से तैनात बटालियन वहाँ से निकलने की प्रक्रिया में थी, जबकि नई बटालियन वहाँ तैनात होने वाली थी। बदलाव की इस प्रक्रिया के दौरान दोनों बटालियनों के सैनिक कुछ हफ्ते साथ ही बिताते हैं। इसके पीछे मकसद यह होता है कि जो बटालियन वहाँ पहले से रह रही है, वह आनेवाली नई बटालियन को एल.ओ.सी. के इलाके और वहाँ की खासियत के बारे में अच्छे से अवगत करा दे। इस दौरान दोनों बटालियनों के सैनिक संयुक्त रूप से गश्त लगाते हैं और घात लगाकर की जानेवाली किसी भी आक्रामक काररवाई को दोनों बटालियनें एक साथ मिलकर अंजाम देती हैं। ऐसे में, सामान्य तौर पर इस समय सभी पोस्ट पर सैनिकों की संख्या दोगुनी होती है। उड़ी बेस पर भी दो बटालियनों की उपस्थिति के कारण सैनिकों की संख्या ज्यादा थी, जिनमें से कुछ सैनिक टेंट में भी मौजूद थे।

उड़ी में पहले से तैनात बटालियन वहाँ से निकलने की प्रक्रिया में थी, जबकि नई बटालियन वहाँ तैनात होने वाली थी। बदलाव की इस प्रक्रिया के दौरान दोनों बटालियनों के सैनिक कुछ हफ्ते साथ ही बिताते हैं। इसके पीछे मकसद यह होता है कि जो बटालियन वहाँ पहले से रह रही है, वह आनेवाली नई बटालियन को एल.ओ.सी. के इलाके और वहाँ की खासियत के बारे में अच्छे से अवगत करा दे।

इसलिए आत्मघाती आतंकवादियों के लिए उड़ी बेस एक अच्छा

टारगेट साबित हुआ। जब उन्होंने बाड़ के तारों को काटकर कैंप में प्रवेश किया तो उस वक्त तक अँधेरा ही था, लेकिन जल्द ही उन आतंकवादियों का पता चल गया और उन पर गोलीबारी शुरू कर दी गई। जब एक आतंकवादी मार दिया गया तो बाकी के बचे आतंकवादियों ने इधर-उधर तितर-बितर होकर सोते हुए सैनिकों पर अंधाधुंध फायरिंग शुरू कर दी। कुछ सैनिक सो रहे थे और कुछ जाग चुके थे। जो जाग चुके थे, उनकी भी नींद अभी ठीक से खुल नहीं पाई थी।

यह सवेरा होने से ठीक पहले का समय था। ऐसी हालत में जो सबसे बड़ी समस्या थी, वह थी आपसी समन्वय की। हमारे पास दो अलग-अलग बटालियनों के सैनिक थे, जो एक-दूसरे से बहुत ज्यादा परिचित नहीं हो पाए थे। इसी बीच एक और दुर्भाग्यपूर्ण घटना घट गई। कुक हाउस के अंदर रखा गैस सिलेंडर फट गया और कुक हाउस के परखच्चे उड़ गए।

यह सवेरा होने से ठीक पहले का समय था। ऐसी हालत में जो सबसे बड़ी समस्या थी, वह थी आपसी समन्वय की। हमारे पास दो अलग-अलग बटालियनों के सैनिक थे, जो एक-दूसरे से बहुत ज्यादा परिचित नहीं हो पाए थे। इसी बीच एक और दुर्भाग्यपूर्ण घटना घट गई। कुक हाउस के अंदर रखा गैस सिलेंडर फट गया और कुक हाउस के परखच्चे उड़ गए। इसकी वजह से वहाँ लगे एक-दो टेंट भी उखड़ गए।

उड़ी में स्थिति बहुत ही विकट थी। गोलीबारी रुक चुकी थी, लेकिन आग अभी भी जल रही थी। हादसे में मारे गए सैनिकों और घायलों को फील्ड अस्पताल पहुँचाया जा चुका था। पास के जंगलों में और भी आतंकवादियों के छिपे होने का पता लगाने के लिए सर्च

अभियान जारी था। मिलिट्री बेस में लगी आग से गरमी के कारण वहाँ रखी गोलियों या ग्रेनेड के फटने की भी संभावना थी।

इस बीच, खबर आई कि रक्षा मंत्री श्री मनोहर पर्रिकर उसी दोपहर उड़ी पहुँचने वाले थे। जब रक्षा सचिव श्री जी. मोहन कुमार ने मुझे मंत्रीजी की इस उड़ी यात्रा के बारे में बताया तो मैंने उनसे पूछा, "आज ही क्यों?"

उस वक्त मेरे सामने बहुत काम था—जैसे कि उड़ी में जारी ऑपरेशन की देख-रेख, जिन्होंने वहाँ पर अपने प्राणों की आहुति दी थी, उन सभी सैनिकों के पार्थिव शरीरों को बाहर निकालने की योजना बनाना, उन सैनिकों के पार्थिव शरीरों को सड़क मार्ग से उनके गृह नगर तक पहुँचाना, उनकी शव-यात्रा शुरू करने से पहले श्रीनगर में उन्हें श्रद्धांजलि अर्पित करना आदि। सेना मुख्यालय, पुलिस, सिविल प्रशासन, मुख्यमंत्री और राज्यपाल समेत तमाम बड़े कार्यालयों से लगातार कई फोन कॉल्स आ रही थीं। आर्मी चीफ पहले ही पहुँच चुके थे। ऐसे में, मेरे हिसाब से इस मौके पर और ज्यादा वी.आई.पी. वहाँ न ही आएँ तो अच्छा रहता।

उस वक्त मेरे सामने बहुत काम था—जैसे कि उड़ी में जारी ऑपरेशन की देख-रेख, जिन्होंने वहाँ पर अपने प्राणों की आहुति दी थी, उन सभी सैनिकों के पार्थिव शरीरों को बाहर निकालने की योजना बनाना, उन सैनिकों के पार्थिव शरीरों को सड़क मार्ग से उनके गृह नगर तक पहुँचाना, उनकी शव-यात्रा शुरू करने से पहले श्रीनगर में उन्हें श्रद्धांजलि अर्पित करना आदि।

जब रक्षा मंत्री वहाँ पहुँचे तो मैं उनकी सादगी से बड़ा प्रभावित

हुआ। वे उड़ी जाना चाहते थे, लेकिन परिस्थितियाँ ऐसी थीं कि मुझे उन्हें मना करना पड़ा। ऑपरेशन अभी भी जारी था और मंत्रीजी का वहाँ होना सुरक्षित नहीं था। उन्होंने मेरे फैसले का सम्मान किया। इसलिए हम लोग हेलीकॉप्टर द्वारा हवाई अड्डे से श्रीनगर के बादामी बाग छावनी के लिए चल दिए। बादामी बाग छावनी में ही हमारा मुख्यालय स्थित था।

चूँकि हेलीकॉप्टर में रोटर का काफी शोर था, ऐसे में हमारे बीच हेलीकॉप्टर में कोई बातचीत संभव नहीं थी। वह दस मिनट की छोटी उड़ान ही मेरे पास एक ऐसा समय था, जब मैं उस दिन थोड़ी देर के लिए अपने विचारों के साथ अकेला हो पाया था। “जब परेशानियाँ आएँ तो निराश नहीं होना चाहिए। हर विफलता में अवसरों की तलाश करनी चाहिए।” यह उपदेश देना तो बड़ा आसान है, लेकिन उड़ी में जो कुछ हुआ था, उसके बाद उस दिन इस पर अमल करना मुश्किल हो रहा था।

हेलीकॉप्टर में रोटर का काफी शोर था, ऐसे में हमारे बीच हेलीकॉप्टर में कोई बातचीत संभव नहीं थी। वह दस मिनट की छोटी उड़ान ही मेरे पास एक ऐसा समय था, जब मैं उस दिन थोड़ी देर के लिए अपने विचारों के साथ अकेला हो पाया था। “जब परेशानियाँ आएँ तो निराश नहीं होना चाहिए। हर विफलता में अवसरों की तलाश करनी चाहिए।”

इस तरह के ऑपरेशन में कोई छिपा अवसर क्या हो सकता है? पाकिस्तान हमेशा एल.ओ.सी. पार से आतंकवादियों को भेजता है और हम हमेशा रक्षात्मक व प्रतिक्रियावादी रवैया अपनाते हैं। अचानक मेरे दिमाग में कौंधा कि इस वक्त लोगों के मन में काफी आक्रोश है। देश पाकिस्तान-प्रायोजित आतंकवाद से पीड़ित है। हमारे सैनिक बदला लेना

चाहते हैं और संयोग से केंद्र में एक मजबूत सरकार भी है। ऐसे में, एक मजबूत जवाबी हमले की योजना क्यों न बनाई जाए! कुछ ऐसा किया जाए, जो पहले कभी नहीं किया गया हो। कुछ ऐसा किया जाए, जो दुश्मनों को उतनी ही चोट और दर्द का एहसास कराए, जितना कि आज हमें हो रहा है।

अपने मुख्यालय के ऑपरेशनल रूम में मैंने रक्षा मंत्री को एक मानचित्र के जरिए सारी जरूरी जानकारी दी। इस दौरान वहाँ सेना प्रमुख जनरल दलबीर सिंह सुहाग और नॉर्दर्न आर्मी कमांडर लेफ्टिनेंट जनरल डी.एस. हुड्डा भी उपस्थित थे। कश्मीर की जिम्मेदारी मेरे कंधों पर थी और यही कारण था कि इससे जुड़ी सारी टिप्पणी और ब्रीफिंग मैं ही कर रहा था। मेरे ब्योरे के दौरान रक्षा मंत्री ने मुझे एक बार भी नहीं टोका। जैसे ही मंत्रीजी को सारी जानकारी देकर मैंने अपनी बात समाप्त की, उन्होंने मुझसे पूछा, "तो अब आगे की क्या योजना है?"

अपने मुख्यालय के ऑपरेशनल रूम में मैंने रक्षा मंत्री को एक मानचित्र के जरिए सारी जरूरी जानकारी दी। इस दौरान वहाँ सेना प्रमुख जनरल दलबीर सिंह सुहाग और नॉर्दर्न आर्मी कमांडर लेफ्टिनेंट जनरल डी.एस. हुड्डा भी उपस्थित थे। कश्मीर की जिम्मेदारी मेरे कंधों पर थी और यही कारण था कि इससे जुड़ी सारी टिप्पणी और ब्रीफिंग मैं ही कर रहा था।

मैंने उत्तर दिया, "सर, अगर आप यह जानना चाहते हैं कि हम आगे क्या कर सकते हैं, तो मैं यह सबकुछ आपको अकेले में बताना चाहूँगा।"

उन्होंने कहा, "हाँ-हाँ, मैं आपके चेंबर में आपसे अकेले में बात

करना चाहूँगा।" फिर बाकी अधिकारियों को छोड़कर मंत्रीजी, सेना प्रमुख और नॉर्दर्न आर्मी कमांडर मेरे ऑफिस में चले आए।

मुझसे पहले सेना प्रमुख और नॉर्दर्न आर्मी कमांडर ने अपनी बात रखी। राष्ट्रीय स्तर पर बड़ी योजनाओं और संभावनाओं का खाका तैयार करना उनका दायित्व था। उन्होंने कोई भी कारवाई करने से पहले हमारी जरूरी तैयारियों पर चर्चा की और कुछ बड़ा करने से पहले हमारी प्रतिक्रिया किस तरह की होनी चाहिए, इस बारे में भी बात की। ये सारी बातें हमारे कार्यक्षेत्र के बाहर की थीं, क्योंकि मैं केवल कश्मीर क्षेत्र के ऑपरेशनल डोमेन का इंचार्ज था। इसके बाद श्री पर्रिकर ने फिर मेरी ओर रुख किया।

"इस बारे में आपका क्या कहना है ?" उन्होंने पूछा।

मैंने सरलता से कहा, "आप 'हाँ' कह दें तो मैं कर दूँगा, सर!" मुझे उनकी आँखों में उस वक्त एक चमक-सी दिखाई दे रही थी। इससे लगा था कि वे मेरी सलाह पर पूरी तरह से गौर कर रहे थे।

मुझसे पहले सेना प्रमुख और नॉर्दर्न आर्मी कमांडर ने अपनी बात रखी। राष्ट्रीय स्तर पर बड़ी योजनाओं और संभावनाओं का खाका तैयार करना उनका दायित्व था। उन्होंने कोई भी कारवाई करने से पहले हमारी जरूरी तैयारियों पर चर्चा की और कुछ बड़ा करने से पहले हमारी प्रतिक्रिया किस तरह की होनी चाहिए, इस बारे में भी बात की।

मैंने उनसे कहा कि हमारे सेना प्रमुख राष्ट्रीय स्तर पर समग्र नजरिए से पूरे मामले को हैंडल करेंगे और अगर आपने हमें एक बार हरी झंडी दे दी तो हम एक ठोस योजना बनाकर जमीनी स्तर पर एक साहसिक जवाब देंगे। "वर्षों से हम मात खाते आ रहे हैं। वे हमारे

यहाँ आतंकवादियों को भेजते हैं और हम इसका माकूल जवाब देने में असमर्थ रह जाते हैं। इस बार हम कुछ ऐसा करेंगे, जो उन्हें भी उतना ही दर्द पहुँचाएगा। हम एल.ओ.सी. के पार जाकर उनके इलाके में आतंकवादियों को मारेंगे और आतंकी कैंपों को नष्ट करेंगे; लेकिन कृपा करके टारगेट और इसकी टाइमिंग तय करने का जिम्मा हमारे ऊपर छोड़ दें।"

सुरक्षा कारणों से मैं उस ऑपरेशन के विवरण को यहाँ बता नहीं सकता, पर मैं यह जरूर बता सकता हूँ कि उस वक्त रक्षा मंत्री ने मुझसे सिर्फ दो सवाल पूछे थे, पहला—"मुझे उम्मीद है कि कोई कॉलेटरल डैमेज नहीं होगा!" ('कॉलेटरल डैमेज' का अर्थ होता है—ऑपरेशन के दौरान हुआ आम नागरिकों को नुकसान।) इस बात के जवाब में मैंने उन्हें आश्वासन दिया कि कॉलेटरल डैमेज को रोकने के लिए हम निर्जन क्षेत्रों से अपने ऑपरेशन को अंजाम देंगे। अगर कुछ ऐसी बात हो भी गई कि रिहायशी इलाके से अपने ऑपरेशन को पूरा करना पड़े तो हमें उस इलाके को पहले से खाली कराना होगा।

सुरक्षा कारणों से मैं उस ऑपरेशन के विवरण को यहाँ बता नहीं सकता, पर मैं यह जरूर बता सकता हूँ कि उस वक्त रक्षा मंत्री ने मुझसे सिर्फ दो सवाल पूछे थे, पहला—"मुझे उम्मीद है कि कोई कॉलेटरल डैमेज नहीं होगा!" ('कॉलेटरल डैमेज' का अर्थ होता है—ऑपरेशन के दौरान हुआ आम नागरिकों को नुकसान।)

अपने दूसरे कथन में मैंने एक संभावना जाहिर की थी। मंत्रीजी का दूसरा सवाल था, "हमारा एक भी सैनिक हताहत नहीं होना चाहिए।"

इसके जवाब में मैंने कहा, "सर, मैं इस बात से पूरी तरह सहमत

हूँ कि हमारा कोई भी सैनिक हताहत नहीं होना चाहिए। लेकिन युद्ध में किसी भी बात की गारंटी नहीं दी जा सकती।"

वे थोड़ी देर के लिए चुप हो गए। यह देखकर मेरा दिल डूब-सा गया, क्योंकि एक राजनेता के लिए इस तरह की बात से सहमत होना काफी मुश्किल होता है; हालाँकि, मेरे प्रत्युत्तर में उन्होंने सिर्फ एक शब्द कहा, "बरोबर!" अलग-अलग संदर्भों में इस मराठी शब्द के अर्थ भी अलग-अलग होते हैं; लेकिन यहाँ मुझे इसका अर्थ ऐसे समझ आया—"बहुत अच्छे! चलिए, इसे किया जाए।" जब ये शब्द मेरे कान में पड़े तो उस काले रविवार को मुझे थोड़ी संतुष्टि और राहत का अहसास हुआ।

योजना सरल तो थी, लेकिन साथ ही जोखिम भरी भी थी। हम एक ऐसा कदम उठाने जा रहे थे, जैसा कि पहले कभी नहीं हुआ था। हम एल.ओ.सी. पार स्थित कुछ आतंकवादी शिविरों पर छापा मारकर उन्हें भारी हानि पहुँचाने वाले थे और साथ ही, हमें सही-सलामत वापस भी आना था।

योजना सरल तो थी, लेकिन साथ ही जोखिम भरी भी थी। हम एक ऐसा कदम उठाने जा रहे थे, जैसा कि पहले कभी नहीं हुआ था। हम एल.ओ.सी. पार स्थित कुछ आतंकवादी शिविरों पर छापा मारकर उन्हें भारी हानि पहुँचाने वाले थे और साथ ही, हमें सही-सलामत वापस भी आना था। उसके बाद हम दुनिया और पाकिस्तान को बताते कि हमने क्या किया था और ऐसा क्यों किया था; क्योंकि पाकिस्तान हमेशा इस बात से इनकार करता रहता है कि वह सीमा पार से हमारे यहाँ आतंकवादियों को भेजता है। मंत्रीजी के वहाँ से रवाना होने के बाद यह तय किया गया कि मैं और उत्तरी कमांड के सैन्य कमांडर इस योजना

के तमाम विकल्पों और संभावनाओं पर चर्चा करेंगे।

कुछ दिनों बाद सैन्य कमांडर लेफ्टिनेंट जनरल डी.एस. हुड्डा को यह सारी जानकारी देने के लिए मैं कमांड मुख्यालय गया। इस दौरान वहाँ पर अपने एक पुराने मित्र लेफ्टिनेंट जनरल आर.आर. निंभोरकर से मिलकर मुझे बहुत अच्छा लगा। उस समय वे दक्षिण जम्मू व कश्मीर में सेना की 16वीं कोर की कमान सँभाल रहे थे। हम दोनों एक-दूसरे को काफी लंबे समय से जानते थे।

किसी भी ऑपरेशन की सफलता के लिए बेहतरीन योजना और समन्वय की जरूरत होती है, खासकर एक ऐसा ऑपरेशन, जो बहुत ही गोपनीय और कठिन हो। मेरे दोस्त निंभोरकर के साथ ऑपरेशनल समन्वय के साथ-साथ सैन्य कमांडर और अन्य स्टाफ का मार्गदर्शन हमारी ऑपरेशन की सफलता के लिए काफी महत्त्वपूर्ण था।

किसी भी ऑपरेशन की सफलता के लिए बेहतरीन योजना और समन्वय की जरूरत होती है, खासकर एक ऐसा ऑपरेशन, जो बहुत ही गोपनीय और कठिन हो। मेरे दोस्त निंभोरकर के साथ ऑपरेशनल समन्वय के साथ-साथ सैन्य कमांडर और अन्य स्टाफ का मार्गदर्शन हमारी ऑपरेशन की सफलता के लिए काफी महत्त्वपूर्ण था। मुझे यकीन है कि उत्तरी सेना के कमांडर ने सेना प्रमुख को इस बारे में सूचित कर रखा होगा। पदानुक्रम (Hierarchy) और कमान की हमारी यही व्यवस्था हमारी सेना की ताकत है।

स्पेशल फोर्स (एस.एफ.) बटालियन के सी.ओ. को निर्देश दिया गया कि वह अपनी सर्वश्रेष्ठ टीमें तैयार करें। सेना इसी तरीके से काम करती है। जिस अधिकारी के लिए जो काम उचित होता है, उसे वही

काम दिया जाता है। सी.ओ. अपने कमांडो को सबसे अच्छी तरह से जानता है और वही टीम के लिए सटीक जवान का चुनाव कर सकता है। अगले दस दिनों तक हम अथक परिश्रम करते रहे—विभिन्न विकल्पों की योजना बनाना, हर कदम के सकारात्मक व नकारात्मक पक्षों का आकलन करना; कोई भी कदम कितना सफल होगा और हमें इसकी कितनी कीमत चुकानी होगी, इस बात का आकलन करना; किस कदम से हमें न्यूनतम नुकसान होगा, इस बात का फैसला लेना और टीम लीडर्स के साथ बैठकर योजना को अंजाम देना तथा उसकी बारीकियों पर चर्चा करना आदि। हमने टारगेट एरिया का मॉक-अप बनाकर उस पर फील्ड ट्रेनिंग भी शुरू कर दी।

हमने ऐसे आतंकवादी शिविरों को चिह्नित किया, जिनके आसपास कोई रिहायशी इलाका नहीं था। मुझे एक दृष्टांत याद आता है, जब एक टारगेट तक पहुँचने के लिए हमें दो रास्तों में से किसी एक का चुनाव करना था। इसको लेकर हम लोगों के बीच काफी लंबी चर्चा हुई थी। दोनों रास्तों में से एक रास्ता थोड़ा लंबा था, जबकि दूसरेवाला रास्ता इसके मुकाबले थोड़ा छोटा था। मेरा मानना था कि हमें लंबेवाले रास्ते का चुनाव करना चाहिए, क्योंकि छोटेवाला

हमने ऐसे आतंकवादी शिविरों को चिह्नित किया, जिनके आसपास कोई रिहायशी इलाका नहीं था। मुझे एक दृष्टांत याद आता है, जब एक टारगेट तक पहुँचने के लिए हमें दो रास्तों में से किसी एक का चुनाव करना था। इसको लेकर हम लोगों के बीच काफी लंबी चर्चा हुई थी। दोनों रास्तों में से एक रास्ता थोड़ा लंबा था, जबकि दूसरेवाला रास्ता इसके मुकाबले थोड़ा छोटा था।

रास्ता एक गाँव के करीब से होकर गुजर रहा था। अगर हम छोटेवाले रास्ते को चुनते हैं तो गाँव में मौजूद कुत्तों के भौंकने की वजह से दुश्मन को हमारे बारे में पता लग जाता; जबकि कुछ अन्य लोगों का मानना था कि गाँव हमारे रास्ते से काफी दूरी पर था और मैं अनायास ही इसको लेकर चिंतित हो रहा था। उनका कहना था कि लंबेवाले रास्ते से जाने की वजह से हमारे मिशन में समय ज्यादा लग सकता है और दुश्मन के इलाके में ज्यादा वक्त तक रुकना हमारे लिए जोखिम भरा होगा।

मैंने उन्हें अपने दो दशक पुराने एक ऑपरेशन के अनुभव के बारे में बताया। उस ऑपरेशन के दौरान करीब एक-दो कि.मी. की दूरी से हम पर कुत्ते भौंकने की वजह से पूरा ऑपरेशन फेल हो गया था। अगर आप शहर की किसी गली से गुजर रहे हैं तो अगली गली का कुत्ता आप पर नहीं भौंकेगा; लेकिन ग्रामीण इलाकों में दूसरे गाँव का कुत्ता भी आप पर भौंकने लगता है, खासतौर से पहाड़ों में; हालाँकि, बाद में जिस टीम को इस ऑपरेशन को अंजाम देना था, उसके टीम लीडर ने भी मेरी बात पर सहमति जताई।

मैंने उन्हें अपने दो दशक पुराने एक ऑपरेशन के अनुभव के बारे में बताया। उस ऑपरेशन के दौरान करीब एक-दो कि.मी. की दूरी से हम पर कुत्ते भौंकने की वजह से पूरा ऑपरेशन फेल हो गया था। अगर आप शहर की किसी गली से गुजर रहे हैं तो अगली गली का कुत्ता आप पर नहीं भौंकेगा; लेकिन ग्रामीण इलाकों में दूसरे गाँव का कुत्ता भी आप पर भौंकने लगता है…

18 सितंबर, 2016 को जब उड़ी में हमारे आर्मी बेस पर हमला किया गया था तो उस समय संयुक्त राष्ट्र (यू.एन.) महासभा का सत्र

चल रहा था और इस आतंकवादी हमले की विश्व स्तर पर व्यापक निंदा हुई थी। पाकिस्तान अलग-थलग पड़ गया था। ऐसी स्थिति में, 21 सितंबर को संयुक्त राष्ट्र महासभा में पाकिस्तानी प्रधानमंत्री नवाज शरीफ का भाषण होने वाला था। इस नजरिए से देखें तो पाकिस्तान द्वारा उड़ी में आतंकवादी हमले की यह टाइमिंग सही नहीं कही जा सकती। पाकिस्तान पर काफी अंतरराष्ट्रीय दबाव था कि वह आतंकवाद का समर्थन करना बंद करे। साथ ही, हमारे राजनयिकों के प्रयास ने इस दबाव को और बढ़ा दिया था।

> ***तत्कालीन भारतीय विदेश मंत्री सुषमा स्वराज का भाषण 25 सितंबर को होना था। हमने उस दिन को शांतिपूर्वक बीत जाने दिया। हमने यह भी ध्यान रखा कि अगले दो दिनों तक कोई भी ऑपरेशन न शुरू किया जाए, ताकि हमारे विरोधियों को लगे कि सबकुछ शांति से चल रहा है।***

तत्कालीन भारतीय विदेश मंत्री सुषमा स्वराज का भाषण 25 सितंबर को होना था। हमने उस दिन को शांतिपूर्वक बीत जाने दिया। हमने यह भी ध्यान रखा कि अगले दो दिनों तक कोई भी ऑपरेशन न शुरू किया जाए, ताकि हमारे विरोधियों को लगे कि सबकुछ शांति से चल रहा है। इन दस दिनों के दौरान हमने अपने सभी मोर्चों पर सारी नियमित गतिविधियों और ऑपरेशंस को जारी रखा।

हम अपने सैन्य परीक्षणों और जासूसी गतिविधियों को रात के अँधेरे में अंजाम दे रहे थे। अगले कुछ दिनों में हमने अपने दुश्मनों को चकमा देने के लिए कई तरह के उपाय किए; लेकिन इन सभी उपायों को यहाँ बताना ठीक नहीं होगा, क्योंकि अगर हमने इन सभी उपायों का खुलासा कर दिया तो हम फिर से इन्हें इस्तेमाल नहीं कर पाएँगे। यहाँ

बस, इतना बताना काफी होगा कि हमने जो कुछ भी उपाय किए थे, उनका हमें काफी लाभ मिला; क्योंकि बदले की संभावित काररवाई के बावजूद दुश्मन को हमारी योजनाओं, लक्ष्यों या समय के बारे में जरा सी भी भनक नहीं लगी। यदि उन्हें कोई संदेह होता भी, तो भी वे केवल इसकी अटकलें ही लगा सकते थे। वे सटीक तौर पर हमारी किसी हरकत का पता नहीं लगा सकते थे।

गोपनीयता किसी भी ऑपरेशन की सफलता की कुंजी होती है। अगर दुश्मन आपकी चाल से वाकिफ नहीं है तो यह समझ लीजिए कि आप आधी लड़ाई पहले ही जीत चुके हैं। यह विशेष रूप से सर्जिकल स्ट्राइक के मामले में जरूर सच होता है, जहाँ आप लक्ष्य पर वार करते हैं, इसे हासिल करते हैं और फिर आपको वहाँ से सकुशल बाहर निकलना होता है।

गोपनीयता किसी भी ऑपरेशन की सफलता की कुंजी होती है। अगर दुश्मन आपकी चाल से वाकिफ नहीं है तो यह समझ लीजिए कि आप आधी लड़ाई पहले ही जीत चुके हैं। यह विशेष रूप से सर्जिकल स्ट्राइक के मामले में जरूर सच होता है, जहाँ आप लक्ष्य पर वार करते हैं, इसे हासिल करते हैं और फिर आपको वहाँ से सकुशल बाहर निकलना होता है। सच कहें तो यही वजह है कि सर्जिकल स्ट्राइक दुनिया का सबसे मुश्किल ऑपरेशन होता है। आतंकवादी हमारे देश में प्रवेश करने के लिए सीमा पार से घुसपैठ करते हैं, लेकिन उनके पास यहाँ से वापस निकलने की योजना नहीं होती; जबकि हमें बिजली की गति से उनकी सीमा में अंदर जाना था, ऑपरेशन को अंजाम देना था और फिर वहाँ से बाहर निकलना था। इसका मतलब यह हुआ कि हमें

अपने लिए एक निकास योजना भी सावधानी से बनानी थी।

बहुत कम ही लोग ऐसे थे, जिन्हें इस ऑपरेशन के लॉन्च की सटीक तारीख पता थी। ऑपरेशन के बारे में जिसे जितनी आवश्यकता होती थी, उसे केवल उतनी ही जानकारी दी जाती थी। ऑपरेशन की प्लानिंग के दौरान मैंने किसी भी जगह पावर पॉइंट प्रेजेंटेशन का इस्तेमाल नहीं किया था। अगर किसी को कुछ समझाने के लिए डायग्राम बनाने की जरूरत होती थी तो उसे हाथ से ही बनाया जाता था और इस्तेमाल के बाद उसे मिटा दिया जाता था। किसी को भी योजना से जुड़ा किसी भी तरह का कोई कागज अपने पास नहीं रखना था।

बहुत कम ही लोग ऐसे थे, जिन्हें इस ऑपरेशन के लॉन्च की सटीक तारीख पता थी। ऑपरेशन के बारे में जिसे जितनी आवश्यकता होती थी, उसे केवल उतनी ही जानकारी दी जाती थी। ऑपरेशन की प्लानिंग के दौरान मैंने किसी भी जगह पावर पॉइंट प्रेजेंटेशन का इस्तेमाल नहीं किया था।

हमने ऑपरेशन को कोई नाम भी नहीं दिया, क्योंकि कभी-कभी ऑपरेशन को कोड नाम देने का विपरीत प्रभाव पड़ता है। दरअसल, जब लोग कोड नाम का इस्तेमाल करना शुरू कर देते हैं तो वे अपनी योजना की गोपनीयता को लेकर काफी आश्वस्त हो जाते हैं। जिस दिन हमने अपना ऑपरेशन शुरू किया था, उस दिन कुछ टोही दलों को पहले ही भेज दिया गया था। उन टोही दलों ने सोचा कि वे रात में वापस लौट आएँगे; लेकिन जब ऑपरेशन शुरू हुआ तो उन्हें भी छापामार टीम में शामिल कर लिया गया और उनके साथ आगे भेज दिया गया।

मिशन शुरू हो जाने के बाद हमने रेडियो कम्युनिकेशन को कम-से-कम रखने की कोशिश की, क्योंकि इस तरह के कम्युनिकेशन में

इंटरसेप्शन का खतरा रहता है। मैंने कड़े निर्देश जारी कर रखे थे कि रेडियो सेट केवल आपात स्थिति में उपयोग किए जाएँ, कम-से-कम तब तक तो बिल्कुल नहीं, जब तक कि एक बार गोलीबारी न हो; हालाँकि, टीम के भीतर आपसी संवाद के लिए टीम के सदस्य छोटे वॉकी-टॉकी सेट का उपयोग कर सकते थे, क्योंकि इन वॉकी-टॉकी की रेंज बहुत कम होती है।

हमारे कमांडोज इतने अधिक कुशल और अनुभवी थे कि उन्हें किसी भी मामले में एक-दूसरे के साथ लगातार बात करते रहने की जरूरत नहीं थी। इन कमांडोज ने अपने कई वर्षों के प्रशिक्षण और विभिन्न ऑपरेशंस में एक साथ काम करके अपनी यह कुशलता पाई थी; हालाँकि, जब वे किसी निर्धारित सीमा-चिह्न को पार करते थे तो कोड में सूचित करते थे। ये 'बाउंड' कहलाते हैं।

हमारे कमांडोज इतने अधिक कुशल और अनुभवी थे कि उन्हें किसी भी मामले में एक-दूसरे के साथ लगातार बात करते रहने की जरूरत नहीं थी। इन कमांडोज ने अपने कई वर्षों के प्रशिक्षण और विभिन्न ऑपरेशंस में एक साथ काम करके अपनी यह कुशलता पाई थी; हालाँकि, जब वे किसी निर्धारित सीमा-चिह्न को पार करते थे तो कोड में सूचित करते थे। ये 'बाउंड' कहलाते हैं।

जब हमारे कंट्रोल रूम को एक कोड वर्ड प्राप्त होता था तो इसका मतलब यह हुआ कि कमांडोज ने किसी खास लैंडमार्क या बाउंड को पार कर लिया है। हम इससे ज्यादा जानकारी उनसे नहीं माँगते थे। यह पूरी तरह से एकतरफा संचार होता था, ताकि हम उनकी वास्तविक समय प्रगति पर नजर रख सकें। हमारे सैनिकों की प्रगति की निगरानी के लिए कई यू.ए.वी. का भी इस्तेमाल

किया गया था। यू.ए.वी. बिना हथियार का एक ड्रोन होता है। इसे आप रिमोट से नियंत्रित कर सकते हैं और इसकी मदद से टारगेट एरिया के चित्र एवं वीडियो लेकर उन्हें रियल टाइम में भेजा जा सकता है।

हम रात भर काफी बेचैन थे। मैं मिशन की सफलता से ज्यादा अपने सैनिकों की सुरक्षा की प्रार्थना कर रहा था; लेकिन मेरे दिल के किसी-न-किसी कोने में इस ऑपरेशन को लेकर एक सकारात्मक भावना जरूर थी, क्योंकि पिछले कुछ दिनों से जब भी मेरा कोई अधीनस्थ स्टाफ कोई चिंताजनक बात करता तो मैं उसकी चिंताओं का समाधान करने की कोशिश करता था। मैं सबसे कहा करता था, 'अपने ऊपर नकारात्मकता को हावी न होने दें। अपनी सकारात्मकता की शक्ति का उपयोग करें।' हमारे कमांडोज की प्रगति काफी धीमी थी, क्योंकि यह कश्मीर के किसी भीतरी इलाके का ऑपरेशन नहीं था, बल्कि वे दुश्मन के इलाके में चल रहे थे। वे अपने चारों ओर दुश्मनों से घिरे हुए थे। दरअसल, जब हम अपने भीतरी इलाके में कोई ऑपरेशन चलाते हैं तो उस वक्त हमारा शत्रु किसी खास घर या ठिकाने तक सीमित होता है; लेकिन यहाँ ऐसा नहीं था।

हम रात भर काफी बेचैन थे। मैं मिशन की सफलता से ज्यादा अपने सैनिकों की सुरक्षा की प्रार्थना कर रहा था; लेकिन मेरे दिल के किसी-न-किसी कोने में इस ऑपरेशन को लेकर एक सकारात्मक भावना जरूर थी, क्योंकि पिछले कुछ दिनों से जब भी मेरा कोई अधीनस्थ स्टाफ कोई चिंताजनक बात करता तो मैं उसकी चिंताओं का समाधान करने की कोशिश करता था।

आमतौर पर, आतंकवादियों का लॉञ्च पैड नियंत्रण रेखा के

नजदीक किसी गाँव में एक-दो घरों में मौजूद होता है। वहाँ से वे कुछ दिनों तक हमारे गश्ती दल की गतिविधियों का निरीक्षण करते हैं, आसपास के इलाकों की पूरी जानकारी हासिल करते हैं और फिर उसके बाद हमारे यहाँ घुसपैठ करते हैं; हालाँकि, वास्तविक आतंकवादी शिविर एल.ओ.सी. से कुछ कि.मी. के अंदर मौजूद होते हैं। ऐसे में, ऑपरेशन की सफलता के लिए इसका गोपनीय होना बहुत जरूरी था। हमारे कमांडोज दुश्मन के इलाके में बड़ी ही सतर्कता से आगे बढ़ रहे थे, ताकि दुश्मनों को उनके बारे में पता न चल सके और वे लड़ने के लिए जिंदा रह सकें।

इस ऑपरेशन में हमारे कमांडोज के लिए सबसे मुश्किल काम था दुश्मन की फॉरवर्ड लाइन ऑफ डिफेंस को पार करना। फॉरवर्ड लाइन ऑफ डिफेंस पर कई चौकियाँ बनी हुई होती हैं और वहाँ काफी चाक-चौबंद सुरक्षा होती है। हमलावर या घुसपैठिए को रोकने के लिए जमीन के भीतर लैंडमाइंस बिछाई गई थीं। बर्फबारी और बारिश की वजह से वे लैंडमाइंस फिसल जाती हैं और इसकी वजह से उनकी सटीक स्थिति का पता लगाना काफी मुश्किल काम था। ऐसे में, अगर ये लैंडमाइंस फट जातीं तो भयानक नुकसान होता।

इस ऑपरेशन में हमारे कमांडोज के लिए सबसे मुश्किल काम था दुश्मन की फॉरवर्ड लाइन ऑफ डिफेंस को पार करना। फॉरवर्ड लाइन ऑफ डिफेंस पर कई चौकियाँ बनी हुई होती हैं और वहाँ काफी चाक-चौबंद सुरक्षा होती है। हमलावर या घुसपैठिए को रोकने के लिए जमीन के भीतर लैंडमाइंस बिछाई गई थीं।

संभावित घुसपैठ मार्गों पर ट्रिप फ्लेयर लगे हुए थे। उन्हें अगर

आपने गलती से छू लिया तो उनमें लाइट जल उठती है, जो आधे मिनट तक जलती रहती है और सुरक्षा बलों को घुसपैठियों का पता चल जाता है। घुसपैठ के संभावित मार्गों पर चौबीसों घंटे निगरानी रखने के लिए विभिन्न चौकियों पर नाइट विजन उपकरणों का भी उपयोग किया गया था। इससे भी ज्यादा खतरेवाली बात यह थी कि जो सिपाही इन चौकियों पर ड्यूटी कर रहे थे, वे डर पैदा करने के लिए थोड़ी-थोड़ी देर पर गोलीबारी कर रहे थे। इन सभी से बच-बचाकर कमांडोज को सभी खतरों और बाधाओं को पार करना था।

इन सबके बीच हमें जिस बात का सबसे ज्यादा फायदा मिला, वह यह कि पाकिस्तानी सेना हमारी तरफ से इस तरह की घुसपैठ के लिए तैयार नहीं थी; क्योंकि उन्हें उम्मीद ही नहीं थी कि हम इस तरह का कोई कदम उठा सकते हैं। दरअसल, हमारी भारतीय सेना को घुसपैठियों से निपटने के लिए प्रशिक्षित किया जाता है और उसी तरह की सैन्य टुकड़ियाँ भी तैनात की जाती हैं।

इन सबके बीच हमें जिस बात का सबसे ज्यादा फायदा मिला, वह यह कि पाकिस्तानी सेना हमारी तरफ से इस तरह की घुसपैठ के लिए तैयार नहीं थी; क्योंकि उन्हें उम्मीद ही नहीं थी कि हम इस तरह का कोई कदम उठा सकते हैं। दरअसल, हमारी भारतीय सेना को घुसपैठियों से निपटने के लिए प्रशिक्षित किया जाता है और उसी तरह की सैन्य टुकड़ियाँ भी तैनात की जाती हैं। साथ ही, इसी तरह के अन्य उपाय अपनाए जाते हैं, जिससे कि घुसपैठियों को रोका जा सके। लेकिन पाकिस्तानी सेना इस मामले में थोड़ी निश्‍चिंत होती है और उसका सारा ध्यान चौकियों की निगरानी पर होता है। मुझे आज यह देखकर बड़ा

सुकून मिलता है कि अब पाकिस्तान की कुछ सैन्य टुकड़ियों को इसलिए तैनात किया जाता है कि कहीं वर्ष 2016 की यह सर्जिकल स्ट्राइक दोबारा न हो जाए। हमने उनका 'अनिश्चितता' मोड चालू कर दिया है।

29 सितंबर, 2016 के प्रथम प्रहर में तनाव थोड़ा बढ़ गया था। सभी टीमों द्वारा अपनी पोजीशन ले लेने के बाद हमें एक साथ छापा शुरू करना था। अचानक मुझे पता चला कि किसी एक लोकेशन पर गोलीबारी शुरू हो गई है। मुझे स्पष्ट तौर पर यह नहीं पता था कि दुश्मन को हमारी किसी टीम का पता चल गया है और उन्होंने गोलीबारी शुरू कर दी है या फिर हमारी ही किसी टीम ने किसी कारणवश पहले गोलीबारी शुरू कर दी। चूँकि एक जगह गोलीबारी शुरू हो गई थी, इसलिए हमें अपने ऑपरेशन को पंद्रह-बीस मिनट पहले ही लॉन्च कर देना पड़ा।

29 सितंबर, 2016 के प्रथम प्रहर में तनाव थोड़ा बढ़ गया था। सभी टीमों द्वारा अपनी पोजीशन ले लेने के बाद हमें एक साथ छापा शुरू करना था। अचानक मुझे पता चला कि किसी एक लोकेशन पर गोलीबारी शुरू हो गई है।

अब, जब छापे शुरू हो चुके थे, ऑपरेशन रूम में चिंता काफी बढ़ चुकी थी। पता नहीं क्या होने वाला था। यह एक सोचा-समझा जोखिम साबित होने जा रहा था या फिर महज एक लापरवाही भरा जुआ? पता नहीं हम इस मिशन में सफलता पाएँगे या नहीं? क्या होगा, अगर हमारे सैनिक बड़ी संख्या में मारे गए? हालाँकि, इस दौरान कुछ ऐसी बातें भी हो रही थीं, जिससे मुझे लगता था कि सबकुछ ठीक ही होगा। मैंने अपने मन को समझाया कि किस्मत हमेशा वीरों का साथ देती है; लेकिन अगले ही पल मैं फिर उद्विग्न हो उठता था कि कहीं सबकुछ गलत न हो जाए।

मुझे पहली बार एहसास हुआ कि ऑपरेशन का हिस्सा होते हुए भी इससे बाहर बैठकर इसे नियंत्रित करना बेहद मुश्किल होता है। सबसे पहली मुश्किल तो यह होती है कि जब आपको ऑपरेशन फील्ड में रहकर कारवाई में भाग लेते हुए इसे निर्देशित करना चाहिए, तब आप वहाँ नहीं होते हैं। दूसरा, जब आप सुदूर ऑपरेशन रूम में बैठकर ऑपरेशन की प्लानिंग के हर चरण में बारीकी से शामिल होते हैं तो ऐसे में आप अपने आप को शक्तिहीन महसूस करते हैं। ऊपरवाले का बहुत आभार कि ऑपरेशन को अंजाम दे रहे बहादुर सैनिक उस वक्त मेरी मनोदशा को नहीं देख रहे थे।

सौभाग्य से, एक आतंकवादी शिविर में एक ऐसी घटना हुई, जो हमारे पक्ष में थी। दरअसल, आतंकवादियों ने एक जगह ढेर सारा पेट्रोल और डीजल स्टोर करके रखा था। उस स्टोर में एक हस्तचालित रॉकेट लॉञ्चर के रॉकेट की वजह से भारी विस्फोट हुआ और बड़ी संख्या में आतंकवादी मारे गए।

सौभाग्य से, एक आतंकवादी शिविर में एक ऐसी घटना हुई, जो हमारे पक्ष में थी। दरअसल, आतंकवादियों ने एक जगह ढेर सारा पेट्रोल और डीजल स्टोर करके रखा था। उस स्टोर में एक हस्तचालित रॉकेट लॉञ्चर के रॉकेट की वजह से भारी विस्फोट हुआ और बड़ी संख्या में आतंकवादी मारे गए। हालाँकि विस्फोट की आवाज तो हमें सुनाई नहीं दी, लेकिन यू.ए.वी. फुटेज में इसे देखा जरूर जा सकता था, क्योंकि विस्फोट की वजह से उठनेवाले धुएँ के कारण वीडियो में थोड़ी देर के लिए अँधेरा-सा छा गया। यह शायद उस घटना का बहुत सही जवाब था, जब उड़ी में कुक हाउस में गैस सिलेंडर फट गया था और वहाँ के कुछ टेंटों में आग लग गई थी।

एल.ओ.सी. पार आतंकवादी शिविरों पर हमारा यह हमला बहुत लंबा नहीं चला। हमने बड़ी सटीकता के साथ यह स्विफ्ट ऑपरेशन चलाया था। हमारा मन था कि हम दुश्मनों को और अधिक नुकसान पहुँचाएँ; लेकिन हमें अपनी तय योजना के मुताबिक चलना था, इसलिए हमारी टीम के नेता संपर्क खत्म करते हुए तेजी से वापस लौटने लगे। चूँकि सवेरा होने वाला था, इसलिए उन्हें जल्दी से एल.ओ.सी. के इस पार पहुँचना था।

जब सैनिक वहाँ से वापस लौटने लगे और जब तक सारे सैनिक वापस नहीं आ गए, यह पूरी अवधि इस पूरे ऑपरेशन की सबसे निर्णायक अवधि थी। अब तक अँधेरा छँट चुका था और सैनिकों के लिए अपने आप को छुपाना और भी मुश्किल हो गया था। कंट्रोल रूम में बैठे हुए हमारा तनाव बहुत बढ़ गया था। जब-जब फोन की घंटी बजती तो मुझे किसी अनहोनी की आशंका होने लगती। जब दूसरी तरफ से अनहोनी के बजाय कोई और खबर सुनाई पड़ती तो मैं राहत की साँस लेता था। वह साँस इतनी तेज होती थी कि मैं उसे बेहद आसानी से सुन सकता था। ऊपरवाले का शुक्रिया कि कोई अनहोनीवाली खबर नहीं थी।

जब सैनिक वहाँ से वापस लौटने लगे और जब तक सारे सैनिक वापस नहीं आ गए, यह पूरी अवधि इस पूरे ऑपरेशन की सबसे निर्णायक अवधि थी। अब तक अँधेरा छँट चुका था और सैनिकों के लिए अपने आप को छुपाना और भी मुश्किल हो गया था। कंट्रोल रूम में बैठे हुए हमारा तनाव बहुत बढ़ गया था।

करीब आधे घंटे में हमारे सारे सैनिक एल.ओ.सी. के इस पार भारत की सीमा में वापस आ चुके थे। इस छापेमारी के दौरान हमारा एक भी

सैनिक हताहत नहीं हुआ था। जब मैंने आर्मी कमांडर को सूचना दी कि ऑपरेशन सफल रहा और हमारे सभी सैनिक सुरक्षित वापस आ गए हैं तो उस वक्त मुझे पूरी तरह सुकून का एहसास हो रहा था। इस मिशन के बाद हमने जिस-जिस को इसके बारे में फोन पर सूचना दी, हमें एक संतुष्टि की अनुभूति हो रही थी।

डायरेक्टर जनरल मिलिट्री ऑपरेशंस (DGMO) लेफ्टिनेंट जनरल रणबीर सिंह ने टेलीफोन पर अपने पाकिस्तानी समकक्ष को बताया कि उड़ी में आतंकी हमले, जिसमें कि हमने अपने 18 सैनिकों को खो दिया था, की जवाबी कारवाई के रूप में भारतीय सेना ने एल.ओ.सी. के उस पार आतंकी शिविरों पर हमला किया है।

सेना मुख्यालय को इस मिशन की सफलता के बारे में सूचित कर दिया गया। इस बारे में हमारे राजनीतिक नेतृत्व को सेना प्रमुख द्वारा अवगत कराया गया। डायरेक्टर जनरल मिलिट्री ऑपरेशंस (DGMO) लेफ्टिनेंट जनरल रणबीर सिंह ने टेलीफोन पर अपने पाकिस्तानी समकक्ष को बताया कि उड़ी में आतंकी हमले, जिसमें कि हमने अपने 18 सैनिकों को खो दिया था, की जवाबी कारवाई के रूप में भारतीय सेना ने एल.ओ.सी. के उस पार आतंकी शिविरों पर हमला किया है। उन्होंने उनसे यह भी कहा कि इस तनाव को आगे बढ़ाने का हमारा कोई इरादा नहीं है। निश्चित तौर पर, इसका मतलब यह हुआ कि गेंद अब पाकिस्तान के पाले में है। अगर वे इस संघर्ष को बढ़ाना चाहते हैं तो हमें मजबूरन जवाबी हमले की कारवाई करनी पड़ेगी।

पूरी तरह से सवेरा हो जाने के बाद डी.जी.एम.ओ. एक प्रेस कॉन्फ्रेंस

करके मीडिया के सवालों का जवाब देने वाले थे। पूरा राष्ट्रीय मीडिया एकत्र हो चुका था। हर तरफ सर्जिकल स्ट्राइक की खबर फैल चुकी थी और इस शानदार सफलता से पूरे देश में उत्साह का माहौल था।

मैंने डी.जी.एम.ओ. से बात करके कहा कि जब तक हम ऑपरेशन से लौट कर आनेवाले सभी सैनिकों की गिनती नहीं कर लेते और आश्वस्त नहीं हो जाते हैं कि सारे सैनिक वापस आ गए हैं, तब तक वे कोई भी घोषणा न करें। दिल्ली में बैठा हर शख्स प्रेस कॉन्फ्रेंस करने के लिए उतावला हो रहा था। लेकिन मैंने उन सभी से गुजारिश की कि जब तक हम इस बात की पुष्टि नहीं कर लेते कि हमारा हर एक जवान सुरक्षित वापस आ गया है, तब तक वे किसी भी तरह की प्रेस कॉन्फ्रेंस न करें। इस चक्कर में उन्हें लगभग एक घंटे की देरी जरूर हुई, लेकिन इससे यह स्पष्ट हो गया कि हमने पहली बार एल.ओ.सी. के पार जाकर आतंकी शिविरों को नष्ट करते हुए आतंकवादियों को भारी मात्रा में क्षति पहुँचाई है। इतना ही नहीं, हमारी तरफ का एक भी सैनिक इस ऑपरेशन में हताहत नहीं हुआ था और जैसा मैंने पहले ही कहा था कि किस्मत हमेशा वीरों का साथ देती है।

मैंने डी.जी.एम.ओ. से बात करके कहा कि जब तक हम ऑपरेशन से लौट कर आनेवाले सभी सैनिकों की गिनती नहीं कर लेते और आश्वस्त नहीं हो जाते हैं कि सारे सैनिक वापस आ गए हैं, तब तक वे कोई भी घोषणा न करें। दिल्ली में बैठा हर शख्स प्रेस कॉन्फ्रेंस करने के लिए उतावला हो रहा था।

जहाँ तक मुझे याद है, डी.जी.एम.ओ. ने दोपहर के लगभग 12 बजे दुनिया के सामने इस बात का ऐलान कर दिया था कि हमने एल.ओ.सी.

के पार जाकर आतंकी शिविरों को नष्ट कर दिया है। साथ ही, उन्होंने इस बात की भी घोषणा की कि हम इस तनाव को आगे नहीं बढ़ाना चाहते और इस बारे में पाकिस्तान के डी.जी.एम.ओ. को टेलीफोन पर सूचित कर दिया गया है। मीडिया ने इस ऑपरेशन के लिए 'सर्जिकल स्ट्राइक' शब्द का इस्तेमाल किया और यही नाम चर्चित हो गया। यहाँ एक बात बताना जरूरी है कि दोनों तरफ से इस तरह के छोटे-मोटे ऑपरेशन पहले भी किए जाते रहे हैं, लेकिन इस बार हमारे टारगेट्स एल.ओ.सी. से काफी अंदर और मुश्किल थे; साथ ही, हमने राष्ट्रीय स्तर पर इस ऑपरेशन की जिम्मेदारी भी ली। ऐसा पहली बार हुआ था कि हमने किसी ऑपरेशन को अंजाम देने के लिए कूटनीति का इस्तेमाल किया था। उदाहरण के लिए, उड़ी में आतंकवादी हमलों के खिलाफ जन-समर्थन हासिल करने के लिए हमने संयुक्त राष्ट्र महासभा को एक मंच के रूप में इस्तेमाल किया।

ऐसा पहली बार हुआ था कि हमने किसी ऑपरेशन को अंजाम देने के लिए कूटनीति का इस्तेमाल किया था। उदाहरण के लिए, उड़ी में आतंकवादी हमलों के खिलाफ जन-समर्थन हासिल करने के लिए हमने संयुक्त राष्ट्र महासभा को एक मंच के रूप में इस्तेमाल किया।

प्रेस कॉन्फ्रेंस के तुरंत बाद सभी टीम लीडर्स को पूछताछ के लिए हेलीकॉप्टर के जरिए मेरे मुख्यालय लाया गया। उन्हें देखकर लग रहा था कि वे काफी थके हुए थे; लेकिन इसके बावजूद उनके चेहरे चमक रहे थे। उनके हाव-भाव में एक उल्लास नजर आ रहा था। जब उन जवानों ने मुझे सैल्यूट किया और कहा, "जय हिंद, सर!" तो मैं थोड़ा भावुक हो गया। मैंने बड़ी चुस्ती से उनके सैल्यूट का जवाब दिया और कहा,

"थैंक यू, बॉयज। भगवान् का शुक्र है कि तुम सभी सुरक्षित और स्वस्थ हो। आज तुम लोगों ने जो कुछ भी कर दिखाया है, उसके लिए इतिहास तुम्हें हमेशा याद रखेगा।"

और फिर, इससे पहले कि वे ऑपरेशन पर चर्चा शुरू करते, वहाँ अपने हाथ में एक ट्रे लिये हुए एक लड़का अंदर दाखिल हुआ। वह लड़का हमें चाय देने का काम करता था। लेकिन आज उस लड़के की ट्रे में चाय के बजाय जॉनी वॉकर ब्लैक लेबल की कुछ बोतलें रखी हुई थीं। दरअसल, यह मेरे ही निर्देश पर किया गया था। मैंने कहा, "वैसे तो यह वक्त बीयर इंजॉय करने का है, लेकिन आज का दिन कोई सामान्य दिन नहीं है। ऐसे में, इन 'टाइगर्स' के लिए किसी कड़क चीज की जरूरत है।" वे सभी जवान काफी जोश में थे।

इससे पहले कि वे ऑपरेशन पर चर्चा शुरू करते, वहाँ अपने हाथ में एक ट्रे लिये हुए एक लड़का अंदर दाखिल हुआ। वह लड़का हमें चाय देने का काम करता था। लेकिन आज उस लड़के की ट्रे में चाय के बजाय जॉनी वॉकर ब्लैक लेबल की कुछ बोतलें रखी हुई थीं। दरअसल, यह मेरे ही निर्देश पर किया गया था।

उसके बाद मैं ब्रिगेडियर जनरल स्टाफ (BGS) ब्रिगेडियर राणा कलिता की तरफ मुड़ा और मजाकिया अंदाज में कहा, "स्पेशल फोर्सेज के ये जाँबाज जब जोश में होते हैं तो व्हिस्की के साथ-साथ गिलास भी खा जाते हैं। इसलिए मैं ऐसा कोई जोखिम नहीं लेने वाला हूँ।" इतना कहकर मैंने ब्लैक लेबल की एक बोतल खोली और बारी-बारी से सभी अफसरों के मुँह में उसकी एक-दो घूँट डाली।

"आप सभी लोगों को 'शॉट ऑफ व्हिस्की' के बारे में तो पता

होगा, लेकिन यह 'शॉट बाइ व्हिस्की' है।" इस तरह मैंने बारी-बारी से सभी अफसरों को 'शॉट बाइ व्हिस्की' किया।

फिर उनमें से एक जोशीले अफसर ने मेरे हाथ से बोतल ले ली और उसकी एक सिप मेरे मुँह में डालने की अनुमति माँगी। मैंने अपना मुँह खोला और उसने धीमे से एक घूँट मेरे मुँह में उड़ेल दी। मुझे लगा कि सीधे बोतल से पीने के बाद मुझे एक झटका-सा महसूस होगा और मेरे अंदर जोश भर उठेगा; लेकिन मैं तो शायद पहले से ही काफी जोश में था और मुझे लगता है कि वे सारे जवान भी काफी जोश में थे। खैर, वे सारे सैनिक काफी थके हुए थे और जोश उन्हें काफी देर तक नहीं जगा सकता था, इसलिए हमने थोड़ी-बहुत पूछताछ करके उन्हें जाने दिया और विस्तृत जानकारी के लिए अगले दिन का कार्यक्रम तय किया।

लगभग 3.30 बजे मुझे एक फोन आया, "सर, रक्षा मंत्री आपसे बात करना चाहते हैं।"

सबसे पहले रक्षा मंत्री के निजी सचिव फोन लाइन पर आए और मुझे बधाई दी। उसके बाद जब रक्षा मंत्री लाइन पर आए तो उन्होंने केवल एक शब्द कहा, "कॉन्ग्रेचुलेशंस!" यह थोड़ा निराशाजनक-सा लगा, क्योंकि उन्होंने इसके अलावा और कोई शब्द नहीं कहा।

सबसे पहले रक्षा मंत्री के निजी सचिव फोन लाइन पर आए और मुझे बधाई दी। उसके बाद जब रक्षा मंत्री लाइन पर आए तो उन्होंने केवल एक शब्द कहा, "कॉन्ग्रेचुलेशंस!" यह थोड़ा निराशाजनक-सा लगा, क्योंकि उन्होंने इसके अलावा और कोई शब्द नहीं कहा।

मैंने जवाब दिया, "जय हिंद, सर! आपको भी बधाई। सर, यह जीत आपकी भी उतनी ही है, जितनी कि उन सैनिकों की, जो सीमा पर ऑपरेशन

के लिए गए थे। हमें इस ऑपरेशन की परमिशन देने के लिए शुक्रिया।"

जवाब में उन्होंने कहा, "हाँ, बिल्कुल। मुझे खुशी है कि हमारे सभी सैनिक सुरक्षित हैं। एक बार फिर से शुक्रिया।"

यह एक शानदार और अभूतपूर्व ऑपरेशन था। हमने एल.ओ.सी. पार जाकर आतंकी शिविरों पर हमला किया था और बड़ी संख्या में आतंकवादियों का सफाया कर दिया था। जब इसके करीब ढ़ाई साल बाद पुलवामा में आतंकवादी हमला हुआ तो यह सर्जिकल स्ट्राइक ही थी, जिसने बालाकोट जैसे हवाई हमलों का मार्ग प्रशस्त कर दिया था। हमने एक नई 'लाल रेखा' खींच दी थी और भारत अब अपना 'सॉफ्ट स्टेट' का टैग हटा चुका था। मैंने कभी नहीं सोचा था कि अपने चार दशक के कॅरियर के अंत में मुझे इस तरह के शानदार ऑपरेशन का हिस्सा बनने का मौका मिलेगा।

यह एक शानदार और अभूतपूर्व ऑपरेशन था। हमने एल.ओ.सी. पार जाकर आतंकी शिविरों पर हमला किया था और बड़ी संख्या में आतंकवादियों का सफाया कर दिया था। जब इसके करीब डेढ़ साल बाद पुलवामा में आतंकवादी हमला हुआ तो यह सर्जिकल स्ट्राइक ही थी, जिसने बालाकोट जैसे हवाई हमलों का मार्ग प्रशस्त कर दिया था।

उड़ी में हमारे 18 जवानों के बलिदान का गम भुलाया नहीं जा सकता; लेकिन इस सर्जिकल स्ट्राइक ने हमें एक सुकून भरा एहसास जरूर दिया। मैं उन दिवंगत जवानों की स्मृति को नमन करता हूँ और साथ ही सर्जिकल स्ट्राइक को अंजाम देनेवाले जाँबाज बहादुरों की बहादुरी को भी सैल्यूट करता हूँ।

□

गोपनीयता किसी भी ऑपरेशन की सफलता की कुंजी होती है। यदि आप अचानक दुश्मन को पकड़ लेते हैं तो समझ लीजिए कि आप आधी लड़ाई जीत चुके हैं।

2

आगे बढ़कर नेतृत्व

थल सेना के हर अधिकारी का सपना होता है कि वह अपनी खुद की बटालियन, जिसमें कि उसकी कमिशनिंग हुई थी, का कमांडर बने और युद्ध में अपने जवानों का नेतृत्व करे। जब मुझे कर्नल रैंक पर पदोन्नत किया गया तो मैं अपनी यूनिट का सी.ओ. (कमांडिंग ऑफिसर) बन गया। यह यूनिट परम वीर चक्र (पी.वी.सी.) प्राप्त बटालियन थी और इसका इतिहास बहादुरी के मेडल्स, बैटल ऑनर्स एवं सम्मान से भरा हुआ है, मानो मेरा एक सपना सच हो गया था। एक बटालियन में लगभग 1,000 सैनिक होते हैं। इस तरह तीन बटालियन को मिलाकर एक ब्रिगेड बनता है और तीन ब्रिगेड को मिलाकर एक डिवीजन बनता है। उसके बाद तीन डिवीजन को मिलाकर सेना की एक कोर बनती है। इस तरह, सेना में बटालियन एक बेसिक यूनिट होती है। जैसे बच्चों को घर में हम एक प्यार के नाम से बुलाते हैं, उसी तरह यूनिट या बटालियन को प्यार की भाषा में 'पलटन' भी कहा जाता है।

मैंने बटालियन की कमान उसी जोश से सँभाली, जब हमारी तैनाती जम्मू व कश्मीर में नियंत्रण रेखा, यानी एल.ओ.सी. पर हुई थी। बहुत सारे आतंकवादी, सीमा पार से गोलीबारी और घुसपैठ की कोशिशें—इन तमाम हरकतों को देखते हुए यह कहा जा सकता है कि इस इलाके का माहौल काफी 'गरम' था। तैनाती के पहले हफ्ते में ही आतंकवादियों के साथ हमारी पहली मुठभेड़ हुई, जिसमें दुर्भाग्य से मैंने अपने एक ऑफिसर को खो दिया। एक दुःखद शुरुआत।

हमें एक खुफिया जानकारी मिली थी कि नदी के उस पार एक गाँव में तीन आतंकवादी छिपे हुए थे। यह गाँव बटालियन मुख्यालय से महज 2 से 3 कि.मी. की दूरी पर स्थित था। उस वक्त बेस में मेजर रोहित शर्मा नाम के एकमात्र ऑफिसर मौजूद थे, जिन्हें आतंकवादियों के छिपे होने की खबर मिली थी। आतंकवादियों के बारे में सूचना मिलते ही मेजर रोहित शर्मा अपनी क्विक रिएक्शन टीम (क्यू.आर.टी.) लेकर तुरंत काररवाई के लिए निकल गए। साथ ही, उन्होंने अतिरिक्त सैन्य बल को उन्हें फॉलो करने के लिए भी कहा। इस क्विक रिएक्शन टीम का नेतृत्व मेजर शर्मा स्वयं कर रहे थे। जिस जगह आतंकवादी छिपे हुए थे, उससे कुछ ही कि.मी. की दूरी पर 'घातक' नाम की कमांडो प्लाटून तैनात थी। उस प्लाटून को भी तुरंत उस गाँव में पहुँचने का आदेश दिया गया।

हमें एक खुफिया जानकारी मिली थी कि नदी के उस पार एक गाँव में तीन आतंकवादी छिपे हुए थे। यह गाँव बटालियन मुख्यालय से महज 2 से 3 कि.मी. की दूरी पर स्थित था। उस वक्त बेस में मेजर रोहित शर्मा नाम के एकमात्र ऑफिसर मौजूद थे, जिन्हें आतंकवादियों के छिपे होने की खबर मिली थी।

मेजर रोहित शर्मा एक बहुत ही स्मार्ट, काबिल और बहादुर अधिकारी थे। छह फीट का वह सुंदर पंजाबी जवान एक एथलीट होने के साथ ही बेहद आकर्षक व्यक्तित्ववाला और एक चतुर खिलाड़ी भी था। उसकी कंपनी के जवान उससे बहुत प्यार करते थे। जूनियर अधिकारी उसकी तारीफ किया करते थे और मेरी नजर में वह हमारी टीम का एक बेहद ही विश्वसनीय सदस्य था। जिस जगह आतंकवादी छिपे हुए थे, वहाँ पहुँचकर मेजर शर्मा की टीम ने उस घर को चारों तरफ से घेर लिया। उस घर से लगभग 30

मीटर की दूरी पर एक दोमंजिला मकान था और सैनिकों ने उस मकान को भी अपने कब्जे में ले लिया। उस ठिकाने के चारों तरफ सीढ़ीदार कटे हुए खेत थे।

मकान को चारों तरफ से घेर लेने के बाद फायर-एंड-मूव रणनीति का इस्तेमाल करते हुए मेजर शर्मा, जो कि असॉल्ट टीम को खुद लीड कर रहे थे, धीरे-धीरे टारगेट के नजदीक पहुँच गए। फायर-एंड-मूव रणनीति के तहत जिस वक्त टीम के कुछ सदस्य टारगेट की तरफ बढ़ रहे होते हैं, उसी दौरान टीम के दूसरे सैनिक फायर करके दुश्मन का ध्यान भटकाने की कोशिश करते हैं। आतंकियों ने शुरुआत में कुछ ग्रेनेड दागे और उसके बाद ए.के.-47 राइफल से सैनिकों पर गोलीबारी शुरू कर दी। इस हमले के खिलाफ जवाबी काररवाई करते हुए असॉल्ट टीम ने पास में ही एक आधी बनी हुई मिट्टी की दीवार और एक पेड़ की आड़ में अपनी पोजीशन ले ली। हमारी टीम के कुछ दूसरे जवानों ने पास ही के एक घर में पोजीशन ले ली। यहाँ से वे आतंकवादियों पर फायरिंग भी कर सकते थे और साथ ही उन पर नजर भी रख सकते थे। इसके अलावा, कुछ दूसरे जवानों ने आसपास मौजूद सीढ़ीनुमा खेत में अपनी पोजीशन सँभाल ली।

मकान को चारों तरफ से घेर लेने के बाद फायर-एंड-मूव रणनीति का इस्तेमाल करते हुए मेजर शर्मा, जो कि असॉल्ट टीम को खुद लीड कर रहे थे, धीरे-धीरे टारगेट के नजदीक पहुँच गए। फायर-एंड-मूव रणनीति के तहत जिस वक्त टीम के कुछ सदस्य टारगेट की तरफ बढ़ रहे होते हैं, उसी दौरान टीम के दूसरे सैनिक फायर करके दुश्मन का ध्यान भटकाने की कोशिश करते हैं।

दोनों तरफ से फायरिंग जारी थी और दोनों में से एक भी पार्टी हार मानने को तैयार नहीं थी। इसी बीच मेजर रोहित शर्मा की नजर उस घर की एक खिड़की पर पड़ी, जहाँ से आतंकवादी फायरिंग कर रहे थे। अपनी जान जोखिम में डालकर वे धीरे-धीरे उस खिड़की की तरफ आगे बढ़ने लगे और वहाँ पहुँचकर उन्होंने खिड़की के भीतर एक हथगोला फेंक दिया। ऐसा लगा, जैसे कि ग्रेनेड अपने सही निशाने से टकराया था, क्योंकि उस घर के अंदर से चीखने-चिल्लाने की आवाज आई थी।

इस लड़ाई में मेजर रोहित की यह बहादुरी एक महत्त्वपूर्ण टर्निंग पॉइंट साबित हुई। अंत में, लंबे वक्त तक गोलीबारी के बाद एक आतंकवादी ने सेना के उस घेरे को क्रॉस करने की कोशिश की। वहाँ भारी मात्रा में धूल और धुआँ होने के बावजूद रोहित ने उस आतंकवादी को रोकने की कोशिश की और पॉइंट-ब्लैंक रेंज से उस पर गोली दाग दी।

इस लड़ाई में मेजर रोहित की यह बहादुरी एक महत्त्वपूर्ण टर्निंग पॉइंट साबित हुई। अंत में, लंबे वक्त तक गोलीबारी के बाद एक आतंकवादी ने सेना के उस घेरे को क्रॉस करने की कोशिश की। वहाँ भारी मात्रा में धूल और धुआँ होने के बावजूद रोहित ने उस आतंकवादी को रोकने की कोशिश की और पॉइंट-ब्लैंक रेंज से उस पर गोली दाग दी। लेकिन एकदम करीब से मुठभेड़ होने के कारण रोहित भी उस आतंकवादी की गोलियों की चपेट में आ गए। अंततोगत्वा, सभी तीन आतंकवादी इस मुठभेड़ में मारे गए; लेकिन इसके बदले में रोहित भी वीरगति को प्राप्त हुए। इस लड़ाई में मेजर रोहित की इस बहादुरी से हमें कई महत्त्वपूर्ण टर्निंग पॉइंट की सीख मिली।

रोहित की शहादत की वजह से मुझे बेहद दु:ख हुआ था। मैं मुठभेड़ के दौरान ही घटनास्थल पर पहुँचा। रोहित की मौत मेरी आँखों के सामने हुई थी। मेरी नजरों के सामने ही एक युवा मेजर और मेरे एक अच्छे दोस्त का चले जाना न केवल सेना के लिए, बल्कि व्यक्तिगत तौर पर मेरे लिए एक बड़ा नुकसान था। मेरे सी.ओ. बनने के बाद मेरे सामने यह पहली मौत थी। अभी मेरे जीवन में आगे बहुत कुछ देखना बाकी था। बहुत और अनुभव किए हैं मैंने ऑपरेशन और जिंदगी में; लेकिन उस दिन मुझे ऐसा लगा, जैसे मेरी दुनिया ही तबाह हो गई हो।

'मैं रोहित के परिवार का सामना कैसे करूँगा? पिछले 20 वर्षों से जिस यूनिट में सर्विस करते-करते मैं बड़ा हुआ, आज अपनी उस यूनिट का सामना कैसे करूँगा? यकीनन मेरा खुद का कॅरियर तो अब खत्म हो चुका है।' मेरे दिमाग में चल रही इस तरह की तमाम बातों ने मुझे परेशान कर रखा था। उस रात मैं बिल्कुल सो नहीं पाया।

'मैं रोहित के परिवार का सामना कैसे करूँगा? पिछले 20 वर्षों से जिस यूनिट में सर्विस करते-करते मैं बड़ा हुआ, आज अपनी उस यूनिट का सामना कैसे करूँगा? यकीनन मेरा खुद का कॅरियर तो अब खत्म हो चुका है।' मेरे दिमाग में चल रही इस तरह की तमाम बातों ने मुझे परेशान कर रखा था। उस रात मैं बिल्कुल सो नहीं पाया।

मैं बार-बार करवटें बदल रहा था, लेकिन मेरा मन शांत नहीं हो पा रहा था। फिर मुझे मेरे सैन्य प्रशिक्षण और अनुशासन की बातें याद आईं। मैं एक पेशेवर प्रशिक्षित सैन्य अधिकारी की तरह सोचने लगा, जैसे कि एक कमांडिंग ऑफिसर को सोचना चाहिए। लगभग सवेरा होने वाला

था। उस वक्त मुझे एहसास हुआ कि रोहित का बलिदान व्यर्थ नहीं गया था। उस बहादुर अधिकारी ने तीन आतंकवादियों को मार गिराया था। एक जाँबाज सैनिक के जीवन का यही उद्‌देश्य होता है। वह तो एक हीरो था। दुनिया में तमाम ऐसे साहसिक काम हुए हैं, जिनमें त्रासदी झेलनी पड़ी होगी। महान् कार्यों के लिए बलिदान देना ही पड़ता है।

इसलिए, अगली सुबह मैंने अपने सारे सैनिकों को इकट्‌ठा किया और उन्हें संबोधित किया। हम इसे 'सैनिक सम्मेलन' कहते हैं, जहाँ अधिकारी जवानों को औपचारिक रूप से संबोधित करते हैं।

"कल हमने अपने एक बहादुर अधिकारी को खो दिया। अपनी टीम को लीड करते वक्त इस अधिकारी ने सामने से अपनी छाती पर गोली खाकर भी उन तीनों आतंकवादियों को मार गिराया। इतना ही नहीं, उस वीर की बहादुरी की वजह से हमारे कुछ दूसरे सैनिकों की जानें भी बच गईं। वह एक हीरो है।"

"कल हमने अपने एक बहादुर अधिकारी को खो दिया। अपनी टीम को लीड करते वक्त इस अधिकारी ने सामने से अपनी छाती पर गोली खाकर भी उन तीनों आतंकवादियों को मार गिराया। इतना ही नहीं, उस वीर की बहादुरी की वजह से हमारे कुछ दूसरे सैनिकों की जानें भी बच गईं। वह एक हीरो है।"

जब हम अपनी पिछली लड़ाइयों और जीत को याद करते हैं तो इससे सैनिकों का मनोबल तथा उनकी लड़ाई की भावना और भड़क उठती है, क्योंकि उन पिछली लड़ाइयों में वे सैनिक अपने तमाम साथियों को खो चुके होते हैं। इसलिए मैं उन्हें उनकी पिछली वीरता भरी कहानियों को याद दिलाने लगा, "आजादी के बाद से हमारी बटालियन का सभी

ऑपरेशंस में वीरता भरा समृद्ध इतिहास रहा है। जरा याद करो कि करीब एक दशक पहले हमने सियाचिन ग्लेशियर में क्या किया था। वहाँ भी पहले हमारा एक अधिकारी शहीद हुआ; लेकिन हमें मालूम होना चाहिए कि बाद में हमने किस तरह एक गौरवपूर्ण प्रतिमान स्थापित कर दिया था। हमने दुनिया की सर्वाधिक ऊँचाई पर ऑपरेशन को अंजाम दिया था और 21,000 फीट की ऊँचाईवाले बाना टॉप पर कब्जा किया था। इसके लिए हमारी यूनिट को 'परम वीर चक्र', 'महावीर चक्र' और तमाम अन्य सम्मानों से नवाजा गया था। हम एक बार फिर से उस इतिहास को दोहराने जा रहे हैं। मेजर रोहित शर्मा को श्रद्धांजलि देने का सबसे अच्छा तरीका यही होगा कि अब हमारे क्षेत्र में एक भी आतंकवादी बचना नहीं चाहिए।"

मेरे सी.ओ. बनने के शीघ्र ही बाद रोहित की असमय मृत्यु आनेवाले समय में मेरे द्वारा लिये गए कई महत्त्वपूर्ण फैसलों का कारण बनी। मुझे पूरा विश्वास था कि हमारी बटालियन अपनी एक पहचान छोड़ेगी। सी.ओ. के रूप में मेरे तीन वर्षों के कार्यकाल के दौरान हमारी बटालियन ने 106 आतंकवादियों/दुश्मनों का सफाया किया। यह आज तक जम्मू व कश्मीर के इतिहास में एक रिकॉर्ड है।

मेरे सी.ओ. बनने के शीघ्र ही बाद रोहित की असमय मृत्यु आनेवाले समय में मेरे द्वारा लिये गए कई महत्त्वपूर्ण फैसलों का कारण बनी। मुझे पूरा विश्वास था कि हमारी बटालियन अपनी एक पहचान छोड़ेगी। सी.ओ. के रूप में मेरे तीन वर्षों के कार्यकाल के दौरान हमारी बटालियन ने 106 आतंकवादियों/दुश्मनों का सफाया किया। यह आज तक जम्मू व कश्मीर के इतिहास में एक रिकॉर्ड है।

आतंकवादियों के साथ हमारी अगली मुठभेड़ में मैंने बुलेटप्रूफ जैकेट पहनने से मना कर दिया। मैं उस वक्त जितनी बहादुरी अपने अंदर महसूस कर रहा था, उससे कहीं ज्यादा अपने आप को बहादुर दिखाने की कोशिश कर रहा था। मैंने अपने पास कोई हथियार भी नहीं रखा। जब मेरी टीम इन सभी एहतियातों के लिए ज्यादा जोर देकर कहने लगी तो मैंने उनसे कहा कि मेरा काम सिर्फ योजना बनाना है। अगर मेरे हाथों में ए.के. 47 राइफल होगी तो मैं फायरिंग करने में लग जाऊँगा। इसकी वजह से मैं ऑपरेशन के दौरान योजना बनाने और आगे की रणनीति तय करने जैसे अपने प्रमुख कामों को अच्छे से नहीं कर पाऊँगा।

मेरे सूबेदार मेजर ने मुझे सुझाव दिया कि अपनी व्यक्तिगत सुरक्षा के लिए मैं कम-से-कम एक पिस्तौल तो अपने साथ रख लूँ। मैंने उससे कहा कि अपनी सुरक्षा के लिए मुझे अपनी क्विक रिएक्शन टीम (QRT) के 5 जवानों पर पूरा भरोसा है।

मेरे सूबेदार मेजर ने मुझे सुझाव दिया कि अपनी व्यक्तिगत सुरक्षा के लिए मैं कम-से-कम एक पिस्तौल तो अपने साथ रख लूँ। मैंने उससे कहा कि अपनी सुरक्षा के लिए मुझे अपनी क्विक रिएक्शन टीम (QRT) के 5 जवानों पर पूरा भरोसा है।

मेरा यह फैसला काफी जोखिम भरा जरूर था, लेकिन इसकी वजह से मेरे सभी जवानों को काफी प्रेरणा भी मिली। मेरी क्विक रिएक्शन टीम (QRT) अब और भी ज्यादा सावधान व सतर्क हो गई थी। मुठभेड़ के दौरान मैंने अपने सैनिकों और अधिकारियों में एक अलग ही प्रकार की ऊर्जा देखी। खुद आगे बढ़कर नेतृत्व करने का कोई विकल्प नहीं होता है। आगे बढ़कर औरों के लिए मिसाल बनना ही नेतृत्व की कुंजी होती है।

एन.डी.ए. में अपने प्रशिक्षण के दौरान मैंने कॉर्नेलियस रेयान द्वारा लिखित 'ए ब्रिज टू फार' नामक एक पुस्तक पढ़ी थी। यह पुस्तक द्वितीय विश्व युद्ध में अर्नहेम की लड़ाई के बारे में लिखी गई थी। इस पुस्तक की कहानी में एक ब्रिटिश मेजर था, जो अपने साथ बंदूक के बजाय हमेशा एक छाता लेकर चलता था। इस पुस्तक पर आधारित एक मूवी भी बनी है। उस मूवी के एक दृश्य में एक जगह एक जर्मन हवाई हमले को दिखाया गया है। उस हवाई हमले के दौरान जैसे ही शहर में गोलाबारी शुरू होती है, लोग उससे बचने के लिए इधर-उधर भागने लगते हैं और छुपने के लिए सुरक्षित जगह ढूँढ़ने लगते हैं।

एन.डी.ए. में अपने प्रशिक्षण के दौरान मैंने कॉर्नेलियस रेयान द्वारा लिखित 'ए ब्रिज टू फार' नामक एक पुस्तक पढ़ी थी। यह पुस्तक द्वितीय विश्व युद्ध में अर्नहेम की लड़ाई के बारे में लिखी गई थी। इस पुस्तक की कहानी में एक ब्रिटिश मेजर था, जो अपने साथ बंदूक के बजाय हमेशा एक छाता लेकर चलता था। इस पुस्तक पर आधारित एक मूवी भी बनी है।

उस भगदड़ में एक पादरी भी होता है, जो छिपने के लिए एक गली की ओर दौड़ता है। इस दौरान छातेवाले मेजर की नजर उस पादरी पर पड़ती है। वह मेजर अपने छाते को खोल देता है और उस फादर से कहता है, "आइए फादर, आप मेरे छाते के नीचे आ जाइए।" वह 'मेजर विद अंब्रेला', उस वक्त वह इसी नाम से विख्यात था, इस बात को इतनी शांति से कहता है, मानो जैसे बमबारी नहीं, बल्कि केवल बारिश हो रही हो। फिल्म के उस दृश्य ने मुझ पर अपनी एक अमिट छाप छोड़ी थी।

बाद में, उस पुस्तक में मेजर ने बताया है कि वे हमेशा अपने साथ एक छाता लेकर क्यों चलते थे। दरअसल, उस समय अलग-अलग देशों की अलग-अलग भाषा बोलनेवाली तमाम सैन्य टुकड़ियाँ अर्नहेम में एक साथ लड़ रही थीं। इस दौरान अकसर इस बात को लेकर भ्रम हो जाता था कि कौन दोस्त था और कौन दुश्मन। एक दिलचस्प तथ्य यह भी था कि जर्मन लोग कभी भी अपने साथ छाता लेकर नहीं चलते थे। यह आमतौर पर ब्रिटिश लोगों की आदत होती थी कि वे हमेशा अपने साथ एक छाता रखते थे। अपनी छतरी की वजह से वे मेजर तब तक काफी प्रसिद्ध हो चुके थे और उनकी इस आदत की वजह से कई बार उनकी यूनिट फिजूल की लड़ाइयों से बच गई थी। होता क्या था कि जब कभी उस मेजर की यूनिट का आमना-सामना मित्र राष्ट्र की किसी दूसरी सेना से होता था तो मेजर के छाते की वजह से सामनेवाली सेना उन्हें ब्रिटिश के रूप में पहचान लेती थी और इस तरह अकारण टकराव या लड़ाई टल जाती थी।

मेजर के इस दृष्टिकोण को लेकर मेरे और मेरे एक मित्र के बीच अकसर चर्चा होती थी। हम लोग मेजर की उस सोच से काफी प्रभावित थे। अब युद्ध की स्थिति में एक सी.ओ. के रूप में मैंने मेजर की उस रणनीति को अपने तरीके से इस्तेमाल करना शुरू कर दिया।

मेजर के इस दृष्टिकोण को लेकर मेरे और मेरे एक मित्र के बीच अकसर चर्चा होती थी। हम लोग मेजर की उस सोच से काफी प्रभावित थे। अब युद्ध की स्थिति में एक सी.ओ. के रूप में मैंने मेजर की उस रणनीति को अपने तरीके से इस्तेमाल करना शुरू कर दिया।

अपने उन तीन वर्षों के दौरान मैंने कभी भी बुलेटप्रूफ जैकेट या

बुलेटप्रूफ पटका (यह हेलमेट जैसा एक सुरक्षा कवर होता है) न पहनने का फैसला किया। अकसर सभी सैनिक और अधिकारी अपने सिर पर एक कैप एफ.एस. पहनते हैं, लेकिन मैं इस कैप एफ.एस. के बजाय एक फ्लॉपी हैट पहनता था। यह हैट वरदी के ही कपड़ों से बना होता है। मैं अपनी वरदी पर दो और बैज लगाता था, जो आमतौर पर सभी लोग नहीं लगा सकते। इसमें एक पैराशूट बैज था और दूसरा था कमांडो डैगर युक्त बैज। चूँकि मैंने स्वेच्छा से पाँच बेसिक पैराशूट जंप किया हुआ था, इसलिए मैं अपनी वरदी पर पैराशूट बैज लगाता था और दूसरा बैज इसलिए लगाता था, क्योंकि मैं कमांडो प्रशिक्षक रह चुका था। सेना का हर वह अधिकारी, जो कमांडो प्रशिक्षक रह चुका होता है, कमांडो डैगर युक्त बैज या बिल्ला पहनने का हकदार होता है। पैराशूट बैज सफेद एवं आसमानी नीले रंग का था और कमांडो बैज लाल रंग का था। ड्रेस नियमों के मुताबिक, दोनों बैज को शर्ट की सामनेवाली दाईं पॉकेट के ऊपर पहना जाता है।

मैंने स्वेच्छा से पाँच बेसिक पैराशूट जंप किया हुआ था, इसलिए मैं अपनी वरदी पर पैराशूट बैज लगाता था और दूसरा बैज इसलिए लगाता था, क्योंकि मैं कमांडो प्रशिक्षक रह चुका था। सेना का हर वह अधिकारी, जो कमांडो प्रशिक्षक रह चुका होता है, कमांडो डैगर युक्त बैज या बिल्ला पहनने का हकदार होता है।

फ्लॉपी हैट के साथ चमकीले रंग के ये बिल्ले इस कदर आकर्षक थे कि मेरी बटालियन के सभी अधिकारी और सैनिक करीब 1 कि.मी. की दूरी से ही अपने सी.ओ. को पहचान लेते थे। ये हैट और बैज इतने चमकीले थे कि वहाँ की पहाड़ी की ऊँचाइयों से नीचे देखने पर या घाटी

के उस पार से या फिर नदी के दूसरे किनारे पर खड़े व्यक्ति को भी नजर आ जाते थे।

छतरीवाले उस अधिकारी की तरह ये जो दो बैज मैं पहना करता था, उसकी वजह से एक ऑपरेशन के दौरान मेरी और मेरी क्यू.आर. टीम की जान भी बची। दरअसल, एक बार एल.ओ.सी. के नजदीक एक अँधेरी रात में हमारी एक घात पार्टी, यानी एंबुश पार्टी ने कुछ आतंकवादियों को घुसपैठ करते हुए देखा। उस वक्त उस घात पार्टी में केवल चार सैनिक मौजूद थे। ऐसे में, उनके लिए तुरंत उसी वक्त आतंकवादियों से भिड़ने में बुद्धिमानी नहीं थी। उन सैनिकों ने इस बारे में कंपनी कमांडर को रेडियो सेट पर सतर्क कर दिया। कंपनी कमांडर ने उन्हें कोई भी एक्शन न लेने का आदेश दिया और थोड़ी दूरी से छिपकर आतंकवादियों का पीछा करने को कहा। उन सैनिकों को आतंकवादियों का तब तक पीछा करना था, जब तक कि वे घाटी में अपने किसी निर्धारित ठिकाने तक नहीं पहुँच जाते। इसे 'शैडो पेट्रोलिंग' कहा जाता है। आतंकवादियों को कारगर तरीके से घेरने के लिए कंपनी कमांडर को एक बड़ी टुकड़ी लेकर उस ठिकाने तक पहुँचना था। सेना की भाषा में उस ठिकाने को 'किलिंग ग्राउंड' कहते हैं।

छतरीवाले उस अधिकारी की तरह ये जो दो बैज मैं पहना करता था, उसकी वजह से एक ऑपरेशन के दौरान मेरी और मेरी क्यू.आर. टीम की जान भी बची। दरअसल, एक बार एल.ओ.सी. के नजदीक एक अँधेरी रात में हमारी एक घात पार्टी, यानी एंबुश पार्टी ने कुछ आतंकवादियों को घुसपैठ करते हुए देखा।

घात पार्टी के लिए यह जरूरी था कि वह उन आतंकवादियों पर

बराबर नजर बनाए रखे। साथ ही, उन्हें यह भी ध्यान रखना था कि कहीं आतंकवादियों को यह पता न चल जाए कि उन पर कोई नजर रख रहा है। जब कंपनी कमांडर मेजर हिमांशु सावंत ने मुझे उस योजना के बारे में बताया तो मैंने अगले नाले के उस पार एक और इंटरसेप्शन लाइन बनाने के लिए दो और प्लाटून को मुख्यालय से रवाना कर दिया। दो और प्लाटून भेजने का मकसद यह था कि अगर वे आतंकवादी मुठभेड़ स्थल से बच निकलते हैं तो उनकी पोजीशन और मुख्यालय के बीच उन्हें दोबारा घेरा जा सके।

वह छोटी सी टीम, जो आतंकवादियों का पीछा कर रही थी, दरअसल उसी टीम के हाथ में इस ऑपरेशन की सफलता की कुंजी थी। सैनिकों के लिए शैडो पेट्रोलिंग सबसे कठिन युद्धाभ्यासों में से एक है। थोड़ी दूरी से लक्ष्य का पीछा करना और लक्ष्य को इसका अंदाजा न होने देना, खासकर यह काम किसी अँधेरी रात में करना, वास्तव में बेहद मुश्किल है।

वह छोटी सी टीम, जो आतंकवादियों का पीछा कर रही थी, दरअसल उसी टीम के हाथ में इस ऑपरेशन की सफलता की कुंजी थी। सैनिकों के लिए शैडो पेट्रोलिंग सबसे कठिन युद्धाभ्यासों में से एक है। थोड़ी दूरी से लक्ष्य का पीछा करना और लक्ष्य को इसका अंदाजा न होने देना, खासकर यह काम किसी अँधेरी रात में करना, वास्तव में बेहद मुश्किल है। हम इस ऑपरेशन के सफल होने को लेकर काफी आशान्वित थे और अपनी साँसें थामकर इसके लिए इंतजार कर रहे थे।

लेकिन अफसोस, इससे पहले कि वे 'किलिंग ग्राउंड' तक पहुँच पाते, वहाँ गरज और बिजली के साथ भारी बारिश हो गई। खराब मौसम

आतंकवादियों की घुसपैठ के लिए सबसे सही अवसर होता है और हमारे अथक प्रयास के बावजूद वे आतंकवादी हमारी नजरों से ओझल हो गए।

निराशा तो काफी हुई, लेकिन इसके बावजूद उस भारी बारिश में भी हम इंतजार करते रहे। मैंने जिन दो प्लाटूनों को अपने बटालियन मुख्यालय से रवाना किया था, उन्हीं के साथ मैं भी चल दिया था। उनमें से प्रत्येक पलटन का नेतृत्व एक अधिकारी कर रहा था। बारिश की वजह से हम सभी भीग चुके थे। क्विक रिएक्शन टीम के साथ मैंने एक पेड़ के नीचे अपनी पोजीशन ले ली; लेकिन पेड़ के नीचे शरण लेकर केवल कुछ ही मिनटों तक बारिश से बचा जा सकता है। उस रात तो गजब की बारिश हुई थी।

जैसे-जैसे दिन निकलता गया, मुझे एहसास हो चला था कि इंतजार करना बेकार था। इसलिए मैंने ऑपरेशन बंद करने का आदेश दिया और हम वापस बेस की ओर चल दिए। बेस तक पहुँचने में हमें करीब एक घंटे से ज्यादा का वक्त लग गया। हम काफी थक चुके थे और भीगे हुए थे। हमारी हड्डियाँ तक काँप रही थीं और हम परेशान व निराश भी थे।

जैसे-जैसे दिन निकलता गया, मुझे एहसास हो चला था कि इंतजार करना बेकार था। इसलिए मैंने ऑपरेशन बंद करने का आदेश दिया और हम वापस बेस की ओर चल दिए। बेस तक पहुँचने में हमें करीब एक घंटे से ज्यादा का वक्त लग गया। हम काफी थक चुके थे और भीगे हुए थे। हमारी हड्डियाँ तक काँप रही थीं और हम परेशान व निराश भी थे। जैसे ही मैं बेस पर पहुँचा, अपनी गीली वरदी को बदलने से पहले मैं दूसरी टीमों से सारी जानकारियाँ लैना चाहता था। इसे 'डिब्रीफिंग' कहते हैं। मेजर हिमांशु सावंत की टीम थोड़ी देर बाद बेस में पहुँचने वाली थी, क्योंकि

उनकी पोजीशन हमारी पोजीशन से थोड़ी और दूरी पर थी। मैंने फैसला किया कि हिमांशु से सारी बातें मैं बाद में अलग से कर लूँगा।

सभी टीमों से आवश्यक जानकारियों का आदान-प्रदान करने के बाद मैंने उन सभी लोगों को कपड़े बदलने के लिए कहा और खुद चाय पीने के लिए ऑफिसर्स मेस के लॉन में बैठ गया। मेरे बडी ने कमरे से मेरा एक सूखा जोड़ा जूता लाकर दिया। सैनिक हमेशा मित्रवत् जोड़े में काम करते हैं, यानी कम-से-कम एक साथ दो जवान, जिन्हें हम 'बडी जोड़ा' कहते हैं। हर अधिकारी के साथ एक जूनियर जवान बडी के तौर पर तैनात होता है। यह जूनियर जवान अधिकारी को हथियार, नक्शा आदि तैयार रखने और उसकी दिनचर्या में तमाम दूसरी जरूरी सहायता करने जैसे काम करता है। जब तक मैं हिमांशु और चाय का इंतजार कर रहा था, मैंने सोचा कि तब तक मैं अपने गीले जूतों को बदल लेता हूँ। जिन लोगों को मालूम नहीं है, उन्हें बता दूँ कि गीले जंगल बूट्स को उतारना बेहद मुश्किल होता है। यह अपने आप में एक ऑपरेशन होता है!

सभी टीमों से आवश्यक जानकारियों का आदान-प्रदान करने के बाद मैंने उन सभी लोगों को कपड़े बदलने के लिए कहा और खुद चाय पीने के लिए ऑफिसर्स मेस के लॉन में बैठ गया। मेरे बडी ने कमरे से मेरा एक सूखा जोड़ा जूता लाकर दिया। सैनिक हमेशा मित्रवत् जोड़े में काम करते हैं, यानी कम-से-कम एक साथ दो जवान, जिन्हें हम 'बडी जोड़ा' कहते हैं।

मेरे पास ही बैठा मेरा एडजुटेंट मेजर शॉन ओ'ब्रायन मेरी दुर्दशा को देखकर मुसकरा रहा था और मुझे चिढ़ा भी रहा था। दरअसल, ऑपरेशन के दौरान सैनिक कोई औपचारिकता नहीं निभाते। पूरी रात भीग-भीगकर

मेरे पैरों के तलवे एकदम सिकुड़ गए थे। नया सूखा बूट पहनने से पहले मैं अपने पैरों के तलवों को घास पर रगड़ने लगा। मेरे पैरों के तलवों में एक मजेदार एहसास हो रहा था। तभी चाय भी आ गई और उस गरम चाय की प्याली ने मुझे काफी राहत पहुँचाई। सूखे जूते, गरम चाय की प्याली और थोड़ा सा आराम···

कितनी छोटी-छोटी बातों से कितना ज्यादा सुखद अहसास हो रहा था।

लेकिन यह सुखद एहसास बहुत कम देर तक चल पाया। मैंने चाय की महज दो-चार चुस्कियाँ ही ली होंगी, तभी अचानक एक तेज धमाका सुनाई दिया और ऐसा लग रहा था, मानो एक साथ कई ए.के. राइफलें चल रही हों। एक जवान मेरे पास दौड़ता हुआ आया और चिल्लाया, "सर, हिमांशु साहब की टीम का टाकरा हो गया है, नाले में।"

मेजर हिमांशु की पार्टी जब आर्मी बेस में वापस लौट रही थी, उसी समय एक मुखबिर ने उन्हें सूचना दी कि कल रात हम जिन आतंकवादियों का पीछा कर रहे थे, वे हमारे बेस से कुछ ही कि.मी. की दूरी पर मौजूद मंडी नदीताल के एक घराट चक्की (पनचक्की) में छिपे हुए थे।

दरअसल, मेजर हिमांशु की पार्टी जब आर्मी बेस में वापस लौट रही थी, उसी समय एक मुखबिर ने उन्हें सूचना दी कि कल रात हम जिन आतंकवादियों का पीछा कर रहे थे, वे हमारे बेस से कुछ ही कि.मी. की दूरी पर मौजूद मंडी नदीताल के एक घराट चक्की (पनचक्की) में छिपे हुए थे। कोई आतंकवादी भाग न जाए, इसलिए मैंने तुरंत कुछ टीमों को उन सभी संभावित रास्तों को बंद करने के लिए भेजा, जहाँ से आतंकवादियों के भाग निकलने की संभावना थी। मैंने जल्दी से अपने

सूखे जूतों को पहना और अपनी क्विक रिस्पॉन्स (QRT) टीम से मिलने के लिए उनकी ओर भागा। मेरी वरदी अभी भी पूरी तरह से सूख नहीं पाई थी। पिछली रात की आउटिंग की वजह से मेरी क्विक रिस्पॉन्स टीम के भी सभी सदस्यों के कपड़े अभी पूरी तरह से सूख नहीं पाए थे; लेकिन इसकी किसे परवाह थी! आतंकवादियों से प्रत्यक्ष मुठभेड़ हमारे जोश को और बढ़ा देती है।

अचानक मुझे याद आया कि अगर वे आतंकवादी नदी पार करके दक्षिण की तरफ निकलने में कामयाब हो गए तो उन्हें रोकने के लिए मैंने नदी के उस पार अपनी कोई टीम नहीं भेजी थी। उस नदीताल में करीब तीन-चार वाटर चैनल थे और उन वाटर चैनल्स में कुछ ऐसी जगहें थीं, जहाँ से नदी को आसानी से पार किया जा सकता था। इसलिए अपनी QRT के साथ मैंने खुद नदी के उस पार जाने का फैसला किया। साथ ही, अगर हम थोड़ी ऊँचाई पर पहुँच जाते तो नदी के उस पार से हमारे लिए पूरे ऑपरेशन का एक विहंगम दृश्य देख पाना आसान हो जाता।

अचानक मुझे याद आया कि अगर वे आतंकवादी नदी पार करके दक्षिण की तरफ निकलने में कामयाब हो गए तो उन्हें रोकने के लिए मैंने नदी के उस पार अपनी कोई टीम नहीं भेजी थी। उस नदीताल में करीब तीन-चार वाटर चैनल थे और उन वाटर चैनल्स में कुछ ऐसी जगहें थीं, जहाँ से नदी को आसानी से पार किया जा सकता था।

मंडी नदी के दूसरे किनारे तक जाने के लिए हमें रस्सीवाले 50 मीटर लंबे एक सस्पेंशन पुल को पार करना था। इस प्रक्रिया में हमारे लिए कोई ऐसी जगह नहीं थी, जहाँ हम अपने आप को कवर कर सकें।

घराट चक्की के इलाके में मुठभेड़ शुरू हो चुकी थी और यह चक्की नदी के उसी किनारे पर थी, जिधर हम खड़े थे। ऐसे में, वहाँ चल रही गोलियाँ हमारे बहुत नजदीक से हो-होकर गुजर रही थीं।

जब आप किसी सस्पेंशन पुल से गुजरते हैं तो आपके कदमों की वजह से पुल हिलने लगता है। यही वजह है कि आमतौर पर एक बार में एक ही व्यक्ति सस्पेंशन पुल से बहुत धीरे-धीरे गुजरता है। कहीं हमें कोई गोली न लग जाए, इसके कारण हमने उस सस्पेंशन पुल को तेजी से दौड़कर पार किया। पुल पार करते वक्त जब हम तेजी से दौड़ रहे थे तो अचानक हमें लगा कि अगर हम में से कोई जवान गलती से फिसलकर नदी में गिर गया तो हमारा मजाक बन जाएगा। हमें गोली लगने और फिसलकर नदी में गिरने दोनों का खतरा बराबर था। एक पहले से भीगा हुआ आदमी और कितना भीग सकता है ? लेकिन मेरे जूते फिर से गीले हो जाएँगे यार, यह सोचकर मैं दौड़ते-दौड़ते मुसकराने लगा।

> ***जब आप किसी सस्पेंशन पुल से गुजरते हैं तो आपके कदमों की वजह से पुल हिलने लगता है। यही वजह है कि आमतौर पर एक बार में एक ही व्यक्ति सस्पेंशन पुल से बहुत धीरे-धीरे गुजरता है। कहीं हमें कोई गोली न लग जाए, इसके कारण हमने उस सस्पेंशन पुल को तेजी से दौड़कर पार किया।***

जब हम नदी के उस पार सुरक्षित पहुँच गए तो नदी के दूसरे किनारे से हम घराट की ओर बढ़ने लगे। अब तक उस पनचक्की के भीतर गोलीबारी और तेज हो चुकी थी। ऊँचाई से देखने पर मुझे उस घराट के बगल में दो झोंपड़ियाँ नजर आ रही थीं। दोनों पक्षों द्वारा कुछ हथगोले भी दागे गए। अचानक पानी और गोलीबारी के शोर के बीच हमें एक

महिला के रोने की आवाज सुनाई पड़ी। हमने देखा कि एक अधेड़ उम्र की महिला वहाँ पड़ी हुई थी और उसके घुटने में गोली लग गई थी।

उसके साथ उसकी एक किशोरी बेटी भी थी। खून के बहाव को रोकने के लिए उस बच्ची ने अपनी माँ के घुटने के चारों ओर एक दुपट्टा बाँध रखा था। उस महिला के घुटने से काफी खून बह रहा था और वह दर्द के मारे जोर-जोर से चिल्ला रही थी। हमने अपनी फर्स्ट एड किट की मदद से उस महिला के घुटने की ड्रेसिंग की; लेकिन उसकी हालत काफी खराब थी। मैंने उसे सांत्वना देने की कोशिश की और अपने एक जवान से कहा कि वह उस महिला को पीठ पर उठा ले, ताकि उसे जल्दी से अस्पताल पहुँचाया जा सके। हमने अपनी मदद के लिए दूसरी टीमों को संदेश पहुँचाने की कोशिश की; लेकिन हमारी रेडियो बैटरियाँ डेड हो चुकी थीं। हमारे पास रखी स्पेयर बैटरियाँ भी काम नहीं कर रही थीं, क्योंकि वे पूरी तरह से भीग चुकी थीं। इसी बीच अचानक एक और अप्रत्याशित समस्या पैदा हो गई। उस महिला ने एक पुरुष के द्वारा पीठ पर उठाकर ले जाए जाने से इनकार कर दिया। इस पर मैंने उससे ऊँची आवाज में कहा और यह स्वाभाविक भी था, “माई, जान बचानी है तो शरम मत करो। पहले ही तुम्हारा बहुत खून बह चुका है। यह तेरे बेटे जैसा है।”

उसके साथ उसकी एक किशोरी बेटी भी थी। खून के बहाव को रोकने के लिए उस बच्ची ने अपनी माँ के घुटने के चारों ओर एक दुपट्टा बाँध रखा था। उस महिला के घुटने से काफी खून बह रहा था और वह दर्द के मारे जोर-जोर से चिल्ला रही थी। हमने अपनी फर्स्ट एड किट की मदद से उस महिला के घुटने की ड्रेसिंग की; लेकिन उसकी हालत काफी खराब थी।

उस महिला की वजह से हमारी रफ्तार पर असर पड़ रहा था। राहत की बात यह थी कि अब धीरे-धीरे गोलीबारी कम हो रही थी। लेकिन एक मुश्किल यह थी कि हम रेडियो सेट पर किसी से भी संपर्क नहीं कर पा रहे थे। हमारे पास दो रेडियो सेट थे, लेकिन किसी भी सेट की बैटरी काम नहीं कर रही थी। कुछ देर बाद हमने देखा कि नदी के उस पार मुठभेड़ स्थल पर अब हमारे अपने सैनिक आवाजाही कर रहे थे। ऐसा लगा जैसे सबकुछ ठीक हो गया हो; लेकिन तभी अचानक हमारे पीछे कुछ ऊँचाई से हम पर फायरिंग हुई।

उस महिला की वजह से हमारी रफ्तार पर असर पड़ रहा था। राहत की बात यह थी कि अब धीरे-धीरे गोलीबारी कम हो रही थी। लेकिन एक मुश्किल यह थी कि हम रेडियो सेट पर किसी से भी संपर्क नहीं कर पा रहे थे।

हम जल्दी से उस नदीताल की चट्टानों के पीछे आड़ लेकर लेट गए। गोलीबारी बंद हो चुकी थी, लेकिन इसके बावजूद हम कोई हरकत नहीं कर सकते थे। पाँच मिनट इंतजार करने के बाद हम फिर बड़ी ही सावधानी से आगे बढ़ने लगे। हम मुश्किल से दस-पंद्रह मीटर ही आगे बढ़े होंगे कि अचानक हमारे ऊपर फिर से गोलीबारी हुई। हम एक बार फिर से चट्टानों की आड़ में छिप गए। इस दौरान हमारे एक जवान ने रिजलाइन के ऊपर पहाड़ पर कुछ हरकत देखी।

अचानक मुझे याद आया कि हमारे दक्षिण में मौजूद रिजलाइन पर मेजर देशपांडे की पार्टी तैनात थी, ताकि उस तरफ से भागनेवाले किसी भी आतंकवादी को रोका जा सके। वही लोग हम पर गोलियाँ बरसा रहे थे, क्योंकि उन्हें लग रहा था कि हम लोग आतंकवादी हैं। हमने उन्हें एक

बार फिर से रेडियो सेट पर कॉल करने की कोशिश की, लेकिन हमारी सारी कोशिशें व्यर्थ थीं। करीब पाँच से सात मिनट इंतजार करने के बाद हम फिर बड़ी सावधानी से रेंगते हुए सड़क की ओर बढ़ने लगे।

यह एक अजीबोगरीब स्थिति थी। आतंकवादियों के साथ हमारी मुठभेड़ लगभग खत्म हो चुकी थी। हमारे साथ एक घायल सिविलियन था और हमारे अपने ही सैनिक हम पर गोलीबारी कर रहे थे। हम एक-दूसरे के साथ संवाद नहीं कर पा रहे थे। मान लीजिए, अगर मेजर देशपांडे को सपोर्ट करने के मकसद से दूसरी तरफ से हिमांशु की पार्टी हमारे ऊपर गोलीबारी शुरू कर दे तो फिर क्या होगा? तब तो हमारी हालत बहुत गंभीर हो जाएगी।

यह एक अजीबोगरीब स्थिति थी। आतंकवादियों के साथ हमारी मुठभेड़ लगभग खत्म हो चुकी थी। हमारे साथ एक घायल सिविलियन था और हमारे अपने ही सैनिक हम पर गोलीबारी कर रहे थे। हम एक-दूसरे के साथ संवाद नहीं कर पा रहे थे।

लेकिन शुक्र है, बाद में मुझे पता चला कि हिमांशु की टीम को पता था कि आतंकवादियों के समूह में सिर्फ तीन ही आतंकवादी थे और तीनों मारे जा चुके थे। हम मुश्किल से 50 मीटर और आगे गए होंगे कि हमारे ऊपर फिर से फायरिंग हुई। एक गोली तो मेरे पैर के बेहद करीब आकर लगी और मेरे चेहरे पर चट्टानों के कुछ छर्रे आकर लगे। दरअसल, वह गोली चट्टान से टकराई थी, जिसकी वजह से पत्थर के कुछ टुकड़े मेरे चेहरे पर आकर लग गए थे।

खैर, इसके बाद मैंने जो किया, उसे करने की वजह को मैं शब्दों में व्यक्त नहीं कर सकता। शायद मेरे चेहरे पर गोलियों के छर्रे लगे थे, इसकी वजह से या मेरे कपड़े गीले थे, इसकी वजह से या मैं रात भर का

जागा हुआ था, इस वजह से या मेरे साथ एक ऐसी महिला थी, जिसका काफी खून बह रहा था और उसे इलाज की तुरंत जरूरत थी या फिर शायद इन सबकी सम्मिलित वजह से।

मैं सीधा उठ खड़ा हुआ और अपनी फ्लॉपी हैट को ठीक करते हुए कुछ कदम आगे बढ़ा। साथ ही, मैंने अपने क्यू.आर.टी. से कहा कि वे चिंता न करें, हमारे जवान अपने सी.ओ. को जरूर पहचान लेंगे। मैं धीरे-धीरे आगे बढ़ने लगा। अब गोलीबारी बिल्कुल बंद हो गई थी। बाद में मेजर मनोज देशपांडे ने मुझे बताया कि उन्होंने अपने सी.ओ. और उनके फ्लॉपी हैट को पहचान लिया था और दूरबीन की मदद से देखने पर उन्हें सी.ओ. की वरदी में लगा पैराशूट विंग व कमांडो बैज भी नजर आ गया था।

जैसे-जैसे मैं आगे बढ़ने लगा, मेरे क्यू.आर.टी. के जवान भी अब खड़े हो गए और वे भी मेरे साथ चलने लगे। थोड़ी देर चलने के बाद हम सभी लोग कुछ ही मिनटों में सड़क पर पहुँच गए। उसके बाद, हमने उस घायल महिला को डॉक्टर के पास भिजवाया और जब मुझे पता चला कि तीनों आतंकवादी मारे जा चुके और हमारे सभी जवान सुरक्षित हैं तो मेरी खुशी की सीमा न रही। वे भी कैसे हालात थे, जब गलती से हमें गोली लगने वाली थी। हमारे दोस्तों के बीच अकसर इस घटना को लेकर आज भी चर्चा होती रहती है। इस चर्चा के दौरान मेरे फ्लॉपी हैट और बैज हमेशा पंचलाइन होते हैं। हर वह वजह, जिससे किसी सैनिक की जान बचती है, वह उसके जीवन संगीत का हिस्सा बन जाती है और यह फ्लॉपी हैट व बैज मेरे जीवन संगीत का हिस्सा बन चुके थे।

□

आगे बढ़कर नेतृत्व करने का कोई विकल्प नहीं होता है। खुद आगे बढ़कर मिसाल कायम करना ही नेतृत्व की कुंजी होती है।

3

एल.ओ.सी. की जिंदगी

एल.ओ.सी. एक अनूठी दुनिया है, जहाँ पर एक अलग ही किस्म की जिंदगी होती है। यह भारत-पाकिस्तान के बीच जम्मू व कश्मीर और लद्दाख सीमा पर लगभग 750 कि.मी. लंबी विवादित सीमा रेखा है। जैसा कि 'नियंत्रण रेखा' के नाम से ही पता चलता है कि जितना जिसके नियंत्रण में होगा, उसका मालिकाना हक भी उसी के पास होगा।

नियंत्रण की इन्हीं कोशिशों के चलते वर्ष 1999 का कारगिल युद्ध हुआ। पाकिस्तानी सेना ने नियंत्रण रेखा पर घुसपैठ करते हुए कारगिल में कुछ पर्वत चोटियों पर अवैध रूप से कब्जा कर लिया था। उन्हें खदेड़ने के लिए भारतीय सेना को 'ऑपरेशन विजय' चलाना पड़ा। वर्ष 1999 का वह युद्ध वीरता की एक शानदार मिसाल है। उस लड़ाई का नेतृत्व ज्यादातर जूनियर और युवा अधिकारियों द्वारा किया गया था, जिनकी उम्र करीब 20 से 25 साल थी। इन अधिकारियों ने अपने जुनून की बदौलत तमाम विषमताओं और बाधाओं को पार करके यह लड़ाई लड़ी और अपने जीवन का बलिदान दिया। यह बहादुर अधिकारी न केवल भारतीय सेना, बल्कि पूरे देश के लिए एक प्रेरणा-स्रोत की तरह हैं। कारगिल की लड़ाई में हमने अपने करीब 500 से ज्यादा बहादुर सैनिकों और अधिकारियों को खो दिया था; लेकिन अपनी भूमि का एक इंच भी हमने खोने नहीं दिया। सौभाग्य से, 'ऑपरेशन विजय' एल.ओ.सी. तक ही सीमित रहा और इसका विस्तार अंतरराष्ट्रीय सीमाओं तक नहीं हुआ। यहाँ एक सवाल उठता है कि अंतरराष्ट्रीय सीमा और एल.ओ.सी. में क्या अंतर है?

दरअसल, दो देशों के बीच की अंतरराष्ट्रीय सीमा उन दोनों देशों की संसद् या समकक्ष संस्थाओं द्वारा स्वीकृत व अभिसमर्थित होती है; जबकि 'नियंत्रण रेखा' ठीक वैसी ही होती है, जैसा कि इसका नाम है—अर्थात् इसकी सुरक्षा के लिए और इसे नियंत्रित करने के लिए आपको सेना और गाड्र्स की मदद से रखवाली करनी होती है। संयोग से, सेना की भाषा में इसे 'नियंत्रण रेखा', अर्थात् एल.सी. कहा जाता है, जबकि आमतौर पर इसे एल.ओ.सी. के नाम से भी जाना जाता है।

दो देशों के बीच की अंतरराष्ट्रीय सीमा उन दोनों देशों की संसद् या समकक्ष संस्थाओं द्वारा स्वीकृत व अभिसमर्थित होती है; जबकि 'नियंत्रण रेखा' ठीक वैसी ही होती है, जैसा कि इसका नाम है—अर्थात् इसकी सुरक्षा के लिए और इसे नियंत्रित करने के लिए आपको सेना और गाड्र्स की मदद से रखवाली करनी होती है।

ठीक इसी तरह, भारत-चीन सीमा का अधिकांश हिस्सा भी एक विवादित सीमा है, जिसे एल.ए.सी., अर्थात् वास्तविक नियंत्रण रेखा कहा जाता है। यह लगभग 3,500 कि.मी. लंबी सीमा है। वर्ष 1962 के भारत-चीन युद्ध के बाद दोनों देशों के बीच एल.ए.सी. को लेकर सहमति बनी थी। एल.ए.सी. पर भी सीमा को लेकर दोनों देशों की धारणाएँ अलग-अलग हैं। इस मामले को लेकर दोनों देशों के बीच कई दौर की वार्त्ताएँ भी हुईं, लेकिन अभी तक इस मुद्दे का कोई हल नहीं निकल पाया है।

ऐतिहासिक रूप से देखें तो एल.ओ.सी. के मुकाबले एल.ए.सी. उतनी संवेदनशील सीमा नहीं है और यहाँ थोड़ी शांति रही है; हालाँकि, कभी-कभी यहाँ पर भी झड़प की घटनाएँ देखने को मिलती हैं। कई बार

तो सालों बीत जाते हैं और दोनों सेनाओं के बीच कोई आमना-सामना नहीं होता है। करीब 50 वर्षों के बाद, वर्ष 2020 में गरमियों की शुरुआत के दौरान लद्दाख के पास दोनों देशों की सेनाओं के बीच भारी हिंसक झड़प हुई थी, जिसमें दोनों तरफ की सेनाओं को खासा नुकसान हुआ था। यकीनन यह झड़प दोनों देशों के बीच के संबंधों के लिए एक महत्त्वपूर्ण मोड़ साबित होगी।

आमतौर पर, पाकिस्तान के साथ एल.ओ.सी. का निर्धारण किसी नाला, पर्वत शृंखला, घाटी या फिर पर्वत चोटी के आधार पर होता है, अर्थात् अमुक चोटी के उस पार पाकिस्तान का क्षेत्र है तो इस पार हमारा होगा; लेकिन कई बार इन विशेषताओं से अलग भी एल.ओ.सी. का निर्धारण होता है, जैसे कि एल.ओ.सी. किसी गाँव के बीचोबीच भी गुजरती है। पर्वतों की ढलान पर मौजूद इन सीमावर्ती गाँवों में बने सीढ़ीदार खेतों में खड़ी फसलों को देखने पर बड़ा ही सुरम्य दृश्य नजर आता है; हालाँकि घुसपैठ के नजरिए से ये खेत काफी संवेदनशील होते हैं। दरअसल, इन खेतों का फैलाव नियंत्रण रेखा तक होता है और यहाँ के गाँव के लोगों की रिश्तेदारी नियंत्रण रेखा के उस पार भी होती है। इसकी वजह से लोगों की आवाजाही भी होती है और ऐसे में, घुसपैठ की संभावना हमेशा बनी रहती है।

पाकिस्तान के साथ एल.ओ.सी. का निर्धारण किसी नाला, पर्वत शृंखला, घाटी या फिर पर्वत चोटी के आधार पर होता है, अर्थात् अमुक चोटी के उस पार पाकिस्तान का क्षेत्र है तो इस पार हमारा होगा; लेकिन कई बार इन विशेषताओं से अलग भी एल.ओ.सी. का निर्धारण होता है, जैसे कि एल.ओ.सी. किसी गाँव के बीचोबीच भी गुजरती है।

चूँकि इस इलाके में सीमा के निर्धारण के लिए कोई बाड़ या निशान नहीं लगा होता, इसलिए सेना हमेशा सबसे ऊँची पर्वत चोटियों पर अपनी चौकी बनाकर अपनी सीमा की रखवाली के लिए पहरा देती है। ऊँची चोटी पर पोस्ट बनाने का मकसद यह होता है कि यहाँ से आप आसपास के सारे इलाके पर आसानी से नजर रख सकते हैं। इसी तरह, हमारी चौकियों के ठीक सामने पाकिस्तानी सेना की चौकियाँ बनी होती हैं और भारतीय व पाकिस्तानी चौकियों के बीच गोलीबारी होती रहती है। दो चौकियों के बीच जो गैप होता है, घुसपैठ करने के लिए आतंकवादी इसी गैप का लाभ उठाते हैं। एक चौकी से दूसरी चौकी तक जाने में कुछ घंटे का समय लगता है और इस दौरान आपके साथ कोई भी अनहोनी हो सकती है। एक चौकी से दूसरी चौकी के बीच जो गैप होता है, उसकी रखवाली दोनों चौकियों के जवान करते हैं—पेट्रोलिंग करके और एंबुश लगाकर।

हर चौकी में कई बंकर बने होते हैं। हर बंकर एक सँकरे कमरे जैसा होता है, जिसका ज्यादातर हिस्सा भूमिगत होता है, ताकि दुश्मन द्वारा की गई गोलीबारी से बचा जा सके। इस बंकर में छोटे-छोटे खिड़कीनुमा छेद भी बने होते हैं, जहाँ से हमारी सेना दुश्मनों पर गोलीबारी कर सकती है। इन्हें 'लूपहोल' कहते हैं।

हर चौकी में कई बंकर बने होते हैं। हर बंकर एक सँकरे कमरे जैसा होता है, जिसका ज्यादातर हिस्सा भूमिगत होता है, ताकि दुश्मन द्वारा की गई गोलीबारी से बचा जा सके। इस बंकर में छोटे-छोटे खिड़कीनुमा छेद भी बने होते हैं, जहाँ से हमारी सेना दुश्मनों पर गोलीबारी कर सकती है। इन्हें 'लूपहोल' कहते हैं। बंकर की दीवारें और छत इतनी मोटी होती हैं

कि इनमें गोलीबारी और रॉकेट हमलों को भी झेलने की क्षमता होती है। चौकियों पर तैनात जवान स्थायी रूप से अपनी चौकी में ही रहते हैं। वे चौकी में ही सोते हैं, वहीं से लड़ाई करते हैं, प्रशिक्षण हासिल करते हैं, खाना भी बनाते-खाते हैं तथा वहीं गोला-बारूद, रसद सामग्री और अन्य जरूरी सामानों का स्टॉक बनाकर भी रखते हैं। यह एक खास ही किस्म की रिहायशी जीवन-शैली होती है।

इनमें से कुछ चौकियाँ काफी ऊँची चोटियों पर मौजूद होती हैं, जिसकी वजह से वे चौकियाँ सर्दियों में बर्फबारी से ढक जाती हैं। इस दौरान आसपास की चौकियों से संपर्क स्थापित करने के लिए और अगल-बगल के इलाके पर नजर बनाए रखने के लिए सेना के गश्ती दल भेजे जाते हैं। गश्त के दौरान उन दलों के ऊपर दुश्मनों द्वारा गोलीबारी किए जाने या फिर हिम-स्खलन की वजह से बह जाने का खतरा रहता है। इन चौकियों पर जिंदगी काफी रोमांचक होती है; लेकिन अगर कोई सैनिक वहाँ लंबे समय तक ठहरता है तो यह उसके लिए जोखिम भरा हो सकता है। इसीलिए हम अकसर कोशिश करते हैं कि वहाँ तैनात सैनिकों को दो से तीन महीने तक की ड्यूटी के बाद उन्हें एक बार छुट्टी पर भेज दिया जाए।

इनमें से कुछ चौकियाँ काफी ऊँची चोटियों पर मौजूद होती हैं, जिसकी वजह से वे चौकियाँ सर्दियों में बर्फबारी से ढक जाती हैं। इस दौरान आसपास की चौकियों से संपर्क स्थापित करने के लिए और अगल-बगल के इलाके पर नजर बनाए रखने के लिए सेना के गश्ती दल भेजे जाते हैं।

आज एल.ओ.सी. एक हिंसक जगह बन चुकी है; लेकिन यह हमेशा से ऐसी नहीं थी। 1980 के दशक की शुरुआत में, जब मेरी

यूनिट उत्तरी कश्मीर के कुपवाड़ा में तैनात थी, नियंत्रण रेखा पर जीवन काफी शांतिपूर्ण था, तब किसी तरह की कोई घुसपैठ नहीं होती थी और न ही कोई खास गोलीबारी होती थी। कभी-कभी तो ऐसा होता था कि हम सीमा पार के सैनिकों से बातचीत भी करते थे। ऐसा ज्यादातर तब होता था, जब वहाँ के स्थानीय लोगों के मवेशी भटककर सीमा के उस पार चले जाते थे तो उन्हें मदद करने के लिए हम सामनेवाली पोस्ट पर चिल्लाकर बात करते थे।

कभी-कभी पाकिस्तानी सैनिक हम लोगों से चीनी माँग लिया करते थे, क्योंकि उनके राशन में उन्हें चाय बनाने के लिए चीनी के बजाय गुड़ मिलता था। एक बार जब मैं वहाँ बतौर कैप्टन तैनात था तो हमने अपने सामनेवाली पाकिस्तानी चौकी पर तैनात पाकिस्तानी सेना के एक जूनियर कमीशंड ऑफिसर (JCO) को ईद की मुबारकबाद दी थी।

कभी-कभी पाकिस्तानी सैनिक हम लोगों से चीनी माँग लिया करते थे, क्योंकि उनके राशन में उन्हें चाय बनाने के लिए चीनी के बजाय गुड़ मिलता था। एक बार जब मैं वहाँ बतौर कैप्टन तैनात था तो हमने अपने सामनेवाली पाकिस्तानी चौकी पर तैनात पाकिस्तानी सेना के एक जूनियर कमीशंड ऑफिसर (JCO) को ईद की मुबारकबाद दी थी।

उस ऑफिसर ने हमसे पूछा, "साहब, अगर मैं आपको सेवइयाँ दूँ तो क्या आप खाएँगे? मैं आपके सामने उसमें से दो चम्मच खा लूँगा।" हमारे सामने उसमें से दो चम्मच खा लेने का मतलब यह था कि उस खाने में जहर या फिर कोई दूसरी नुकसानदेह चीज नहीं मिलाई गई होगी। सेवइयाँ ईद के मौके पर बनाई जानेवाली एक खास किस्म की

डिश होती है। मेजर यशपाल सिंह, जो कि उस वक्त वहाँ पोस्ट कमांडर थे, ने बड़ी गर्मजोशी से जवाब दिया कि हम उनकी दी हुई सेवइयाँ बड़ी खुशी से खा लेंगे और उन्हें यह साबित करने की जरूरत नहीं है कि इसमें कुछ नहीं मिलाया गया है। एक-दूसरे के खिलाफ हथियार उठाने के बावजूद सेना के हम सभी लोगों में आपस में एक प्रकार का व्यावसायिक भाईचारा होता है। आपको यह जानकर आश्चर्य होगा कि हमें आपस में बात करने में कोई गुरेज नहीं होती है।

वर्ष 1999 में कारगिल युद्ध के दौरान मेरी बटालियन भी एल.ओ.सी. पर तैनात थी; लेकिन जम्मू व कश्मीर में ही एल.ओ.सी. के दूसरे हिस्से में उस वक्त तक एल.ओ.सी. पर काफी हरकतें शुरू हो चुकी थीं। कारगिल युद्ध के कारण तनाव काफी बढ़ चुका था और इसकी वजह से हमारे इलाके में भी लगातार गोलीबारी के साथ-साथ आतंकवादियों की घुसपैठ की कोशिशें जारी थीं।

> ***वर्ष 1999 में कारगिल युद्ध के दौरान मेरी बटालियन भी एल.ओ.सी. पर तैनात थी; लेकिन जम्मू व कश्मीर में ही एल.ओ.सी. के दूसरे हिस्से में उस वक्त तक एल.ओ.सी. पर काफी हरकतें शुरू हो चुकी थीं। कारगिल युद्ध के कारण तनाव काफी बढ़ चुका था और इसकी वजह से हमारे इलाके में भी लगातार गोलीबारी के साथ-साथ आतंकवादियों की घुसपैठ की कोशिशें जारी थीं।***

उन दिनों मैं एल.ओ.सी. की फॉरवर्ड चौकियों पर अलग-अलग कंपनियों के साथ अपना वक्त बिताया करता था। एक दिन मैं एक फॉरवर्ड प्लाटून के दौरे पर गया, जहाँ से दुश्मन की चौकी सिर्फ 50 मीटर की दूरी पर थी। नियंत्रण रेखा इन्हीं दोनों चौकियों के बीच से गुजरती थी। मैंने चौकी पर कुछ समय

बिताया, अपनी रक्षा तैयारियों की समीक्षा की और वहाँ तैनात जवानों के साथ चाय व पकौड़े का आनंद उठाते हुए तमाम बातों पर चर्चा की। मुझे यह देखकर काफी प्रसन्नता हुई कि चौकी पर तैनात सैनिकों के मन में अपने काम को लेकर काफी उत्साह था और वे उत्साह एवं मनोबल से भरे हुए थे। उसके बाद, मैं अपनी वरदी बदलने के लिए पोस्ट कमांडर के बंकर में चला गया। मेरे साथ मेरी क्विक रिस्पॉन्स टीम के जवान भी अपनी वरदी बदलने चले गए।

जब हम फॉरवर्ड स्लोप की ओर उतरते थे तो आमतौर पर वरदी में नहीं, बल्कि स्थानीय लोगों की तरह कपड़े पहन लेते थे। फॉरवर्ड स्लोप का मतलब होता है—पहाड़ का वह ढलान, जो दुश्मन की तरफ होता है और उधर से उतरने का मतलब आप सीधे दुश्मन के टारगेट में होते हैं। हमने एक पठानी सलवार-कमीज पहन रखा था, जो वहाँ के स्थानीय लोगों द्वारा पहना जाता है।

जब हम फॉरवर्ड स्लोप की ओर उतरते थे तो आमतौर पर वरदी में नहीं, बल्कि स्थानीय लोगों की तरह कपड़े पहन लेते थे। फॉरवर्ड स्लोप का मतलब होता है—पहाड़ का वह ढलान, जो दुश्मन की तरफ होता है और उधर से उतरने का मतलब आप सीधे दुश्मन के टारगेट में होते हैं। हमने एक पठानी सलवार-कमीज पहन रखा था, जो वहाँ के स्थानीय लोगों द्वारा पहना जाता है। पठानी सूट में चलना-फिरना काफी सुविधाजनक होता है; हालाँकि इसे पहनकर आप ठीक से दौड़ नहीं सकते। यदि आपने स्थानीय लोगों की तरह बुक्कल (शॉल) ओढ़ रखा है तो एक सैनिक के लिए उस शॉल के भीतर अपना हथियार छुपाना आसान हो जाता है।

इस हिस्से में नियंत्रण रेखा एक बड़े नाले के साथ गुजरती है। हमारी

तरफ की ढलान एक फॉरवर्ड स्लोप थी, जो नाले तक जाती थी। नाले के दूसरी तरफ से ऊँचाईवाला ढलान पाकिस्तान के कब्जेवाले कश्मीर (POK) में था। उन पहाड़ों पर सीढ़ीदार खेत बने हुए थे, क्योंकि पहाड़ों पर खेती योग्य समतल भूमि ज्यादा नहीं होती है। ऐसी जगहों पर बहुत ज्यादा पेड़ भी नहीं होते हैं, जिसके पीछे आड़ लेकर आप दुश्मनों से बच सकें। ऐसे में, स्थानीय पोशाक पहनने की वजह से आप उन स्थानीय लोगों के बीच घुल-मिल जाते हैं, जो आगे के इलाके में अपने खेतों में काम कर रहे होते हैं। पाकिस्तानी सेना इन स्थानीय लोगों पर गोली नहीं चलाती है, क्योंकि वह आतंकियों की घुसपैठ के दौरान स्थानीय लोगों की सहानुभूति नहीं खोना चाहती है।

इस हिस्से में नियंत्रण रेखा एक बड़े नाले के साथ गुजरती है। हमारी तरफ की ढलान एक फॉरवर्ड स्लोप थी, जो नाले तक जाती थी। नाले के दूसरी तरफ से ऊँचाईवाला ढलान पाकिस्तान के कब्जेवाले कश्मीर (POK) में था।

अगले एक घंटे में अँधेरा होने वाला था और हमें रोड तक पहुँचने में लगभग दो घंटे का समय लगता। सड़क पर पहुँच जाने के बाद मैं वहाँ से वापस अपनी बटालियन बेस जाने वाला था। हम लोग पोस्ट से निकलकर मुश्किल से 30 या 40 मीटर ही चले होंगे कि पोस्ट कमांडर सूबेदार बल राज ने हमें रुकने के लिए आवाज लगाई।

पोस्ट कमांडर ने हमें बताया, "पाकिस्तानी सैनिकों ने चेतावनी देकर कहा है कि हमारे जवान फॉरवर्ड स्लोप से नीचे की ओर बढ़ रहे हैं। कृपया उन्हें रुकने के लिए कहें, अन्यथा हमें मजबूर होकर गोली चलानी पड़ेगी।"

मैंने उन्हें चिल्लाकर जवाब दिया, "पाकिस्तानी सेना से कह दो कि

हमारा कोई भी सैनिक बाहर नहीं है। उन्हें शायद कोई गलतफहमी हो रही है। हो सकता है कि कोई स्थानीय आदमी अपने खेतों में काम कर रहा हो।"

थोड़ी देर में पाकिस्तानी सेना की तरफ से जवाब आया, "हमें पता है कि तुम्हारा सी.ओ. फॉरवर्ड स्लोप से नीचे उतर रहा है। कृपया उन्हें रुकने के लिए कहें, अन्यथा किसी भी तरह के परिणाम के लिए आप खुद जिम्मेदार होंगे। हमारे कंपनी कमांडर ने हमें सख्त आदेश दिए हैं।"

तभी अचानक मुझे याद आया कि 'ऑपरेशन विजय' के दौरान नियंत्रण रेखा के पार से गोलीबारी बढ़ जाने की वजह से कोई भी स्थानीय व्यक्ति फॉरवर्ड स्लोप की तरफ नहीं जा रहा था। चूँकि पाकिस्तानी चौकी वहाँ से काफी पास में ही थी, ऐसे में जाहिर है कि अपनी चौकी की सुरक्षा का मुआयना करते वक्त उन्होंने मेरी गतिविधियों का अवलोकन किया होगा। दूसरी तरफ, मेरे दिमाग में यह भी द्वंद्व चल रहा था कि अगर हमने उनकी चेतावनी को मान लिया तो इससे उन्हें संदेश जाएगा कि भारतीय बटालियन का सी.ओ. उनसे डर गया। यही सोच मैं अपने जवानों में भी नहीं चाहता था।

तभी अचानक मुझे याद आया कि 'ऑपरेशन विजय' के दौरान नियंत्रण रेखा के पार से गोलीबारी बढ़ जाने की वजह से कोई भी स्थानीय व्यक्ति फॉरवर्ड स्लोप की तरफ नहीं जा रहा था। चूँकि पाकिस्तानी चौकी वहाँ से काफी पास में ही थी, ऐसे में जाहिर है कि अपनी चौकी की सुरक्षा का मुआयना करते वक्त उन्होंने मेरी गतिविधियों का अवलोकन किया होगा।

सेना के एक जवान के लिए एल.ओ.सी. पर उसका जीवन काफी

हद तक उसके मनोवैज्ञानिक वर्चस्व और आक्रामक रवैए पर निर्भर करता है। थोड़ी देर तक सोचने के बाद मैंने सूबेदार बल राज को चौकी के ऑब्जर्वेशन टावर पर चढ़ने के लिए कहा, जहाँ हमेशा एक चौकस संतरी पहरा देता रहता है। हमारी चौकी के ऑब्जर्वेशन टावर के ठीक सामने पाकिस्तानी चौकी का ऑब्जर्वेशन टावर लगा हुआ था और उन्होंने वहीं से यह चेतावनी दी थी।

पाकिस्तानी सेना हमारे साथ सिर्फ दिमागी खेल खेल रही थी और वे भी नहीं चाह रहे थे कि एल.ओ.सी. पर किसी तरह का तनाव बढ़े और गोलीबारी हो, अन्यथा हमें चेतावनी देने के बजाय वे सीधा हमारे ऊपर गोली चला देते। दरअसल, उस इलाके में हमारी चौकियाँ पाकिस्तानी चौकियों के मुकाबले ज्यादा मजबूत स्थिति में थीं और अगर हम चाहते तो उन्हें अपने हथियारों की मदद से काफी गंभीर नुकसान पहुँचा सकते थे। हमारे पोस्ट कमांडर का पाकिस्तानी संतरी के साथ संपर्क स्थापित हो जाने के बाद मैंने अपने पोस्ट कमांडर से कहा कि वह पाकिस्तानी सेना को बताए कि उनकी चौकी तीन तरफ से हमारी चौकियों से घिरी हुई है। पोस्ट कमांडर ने वैसा ही किया, जैसा मैंने कहा था।

पाकिस्तानी सेना हमारे साथ सिर्फ दिमागी खेल खेल रही थी और वे भी नहीं चाह रहे थे कि एल.ओ.सी. पर किसी तरह का तनाव बढ़े और गोलीबारी हो, अन्यथा हमें चेतावनी देने के बजाय वे सीधा हमारे ऊपर गोली चला देते। दरअसल, उस इलाके में हमारी चौकियाँ पाकिस्तानी चौकियों के मुकाबले ज्यादा मजबूत स्थिति में थीं''

"यदि तुम हमारे सी.ओ. की पार्टी पर गोलीबारी शुरू करते हो तो शायद तुम्हारी पहली गोली तो मेरे सी.ओ. को न लगे, लेकिन जैसे ही

तुम्हारी तरफ से पहली गोली चलेगी, मैं तुम्हें गारंटी देता हूँ कि तुम्हारी पूरी चौकी नेस्तनाबूद हो जाएगी। हमारे पास जितने भी हथियार और रॉकेट हैं, हम सबकुछ तुम्हारे ऊपर झोंक देंगे। अगर कुछ भी अनहोनी हुई तो इसके लिए जिम्मेदार तुम लोग होगे।"

हम लोगों ने लगभग 5 मिनट तक इंतजार किया, ताकि हमारा संदेश उनके कंपनी कमांडर तक पहुँच जाए। इसके बाद मैंने अपनी टीम से पूछा, "डरें या चलें?"

हम बड़ी सावधानी से आगे बढ़ने लगे। करीब 5 मिनट तक चलने के बाद हम एक खुले क्षेत्र में आ गए। इस खुले क्षेत्र में हम अगले 20 मिनट तक चलते रहे। इस दौरान हम पूरी तरह से दुश्मन के निशाने पर थे, यानी अगले 20 मिनट तक के लिए हम पूरी तरह दुश्मन की दया पर निर्भर थे।

हमारी टीम ने सर्वसम्मति और जोश के साथ आगे बढ़ने का फैसला किया।

हम बड़ी सावधानी से आगे बढ़ने लगे। करीब 5 मिनट तक चलने के बाद हम एक खुले क्षेत्र में आ गए। इस खुले क्षेत्र में हम अगले 20 मिनट तक चलते रहे। इस दौरान हम पूरी तरह से दुश्मन के निशाने पर थे, यानी अगले 20 मिनट तक के लिए हम पूरी तरह दुश्मन की दया पर निर्भर थे। उस वक्त मेरे मन में तरह-तरह के विचार आ रहे थे। क्या दुश्मन हम लोगों के ऊपर फायर कर देगा? क्या हमें चुपचाप अपनी जगह पर बैठे रहना चाहिए था? क्या होगा, अगर उन्होंने हम पर गोलियाँ चला दीं और हमें भारी नुकसान उठाना पड़ा तो? मुझे अपने ऊपर अफसोस होने लगा कि मैंने यह कदम क्यों उठाया? क्या मैंने घमंड के वशीभूत होकर यह कदम उठा लिया? वहाँ आसपास पेड़ भी बहुत कम थे। ज्यादातर सीढ़ीदार खुले खेत थे। अगर फायरिंग होती

तो हमारे पास छिपने की कोई जगह भी नहीं थी। हमारा हर कदम संदेह में उठ रहा था। हवा में एक अजीब किस्म का भारीपन महसूस होने लगा था और हम सभी लोग बिल्कुल चुपचाप चल रहे थे। जब हम अगली चौकी पर मौजूद एक पेड़ की आड़ में पहुँच गए, तब जाकर हम लोगों की जान में जान आई।

मैंने थोड़ी राहत की साँस ली। वास्तव में, नियंत्रण रेखा के पास हम लोग अपनी जान हथेली पर लेकर चलते हैं। जैसा कि मैंने पहले कहा है कि जिसके नियंत्रण में जितना होता है, वही उसका मालिक होता है। इसके लिए हम दिमागी खेल खेलते हैं, किसी भी कीमत पर हावी बने रहने की कोशिश करते रहते हैं और इसके लिए हमें कभी-कभी अपनी जान भी गँवानी पड़ती है। अगर उस दिन वे लोग हमारे ऊपर गोली चला देते और हममें से कोई मारा जाता तो जाहिर-सी बात है कि हमारे ऊपर सवाल उठने लगते। कोई भी मुझसे पूछ सकता था, "यह सब करके तुम्हें क्या मिला? तुमने अपने ही सैनिकों की जान ले ली!" यानी अगर बाकी के जवान मारे जाते और मैं अकेला जिंदा बच जाता तो मुझसे यह सवाल पूछा जाना स्वाभाविक होता; लेकिन जो भी सैनिक नियंत्रण रेखा पर ऑपरेशन करता है और अगर उसके सामने यह स्थिति होती तो शायद वह भी यही कदम उठाता।

मैंने थोड़ी राहत की साँस ली। वास्तव में, नियंत्रण रेखा के पास हम लोग अपनी जान हथेली पर लेकर चलते हैं। जैसा कि मैंने पहले कहा है कि जिसके नियंत्रण में जितना होता है, वही उसका मालिक होता है। इसके लिए हम दिमागी खेल खेलते हैं, किसी भी कीमत पर हावी बने रहने की कोशिश करते रहते हैं...

नियंत्रण रेखा पर हमेशा इस तरह का तनाव भरा माहौल बना रहता है और हमारे ज्यादातर देशवासी यह समझते हैं कि हम सेना के जवान किसी बैंक या बिल्डिंग के बाहर खड़े सिक्योरिटी गार्ड्स की तरह सीमा रेखा पर बस, संतरी की ड्यूटी करते हैं।

□

वास्तव में, नियंत्रण रेखा के पास हम लोग
अपनी जान हथेली पर लेकर चलते हैं। अतीत में लिये गए
कुछ गलत फैसलों का खामियाजा
हम आज भी भुगत रहे हैं। हम अपनी जान की बाजी
लगाकर उन रेखाओं की रखवाली कर रहे हैं, जो किसी
और द्वारा एक मानचित्र पर खींची गई हैं।

4

मैं और मेरा हेलमेट

एक दिन की बात है कि सुबह-सुबह अचानक सूबेदार मेजर मेरे ऑफिस में भागते हुए आए और बोले कि पास के एक गाँव से दो ग्रामीण आए हैं। उनका कहना है कि उनके एक रिश्तेदार के घर में छह आतंकवादी घुस आए हैं और वे उनके यहाँ जबरन ठहरे हुए हैं। ग्रामीणों के मुताबिक, आतंकवादी काफी थके हुए लग रहे थे और जब वे आराम कर रहे थे तो इसी बीच उस घर का एक बच्चा किसी तरह से घर से बाहर निकलने में कामयाब हो गया। उस बच्चे ने ही उन्हें आतंकवादियों के बारे में जानकारी दी थी। वह गाँव हमारे बेस से लगभग एक घंटे की दूरी पर था। हमारा बेस मंडी नदी के किनारे पर था। एल.ओ.सी. और मंडी नदी के बीच बहुत ज्यादा गाँव या घनी आबादी नहीं थी। जब वहाँ आतंकवादी घुसपैठ करते थे तो उनका लक्ष्य होता था कि वे मंडी नदी के उस पार निकल जाएँ। इसके पीछे कारण यह होता था कि नदी के उस पार आबादी थोड़ी घनी थी। इससे वे आतंकवादी बड़ी आसानी से स्थानीय लोगों के बीच घुल-मिल जाते थे।

और यह मेरी जिम्मेदारी थी कि कोई भी घुसपैठिया आतंकवादी नदी के उस पार न जाने पाए। एल.ओ.सी. और उस नदी के बीच के पूरे इलाके की सुरक्षा की जिम्मेदारी मेरी थी। उस वक्त मेरी सारी कंपनियाँ और अन्य छोटी-छोटी टुकड़ियाँ, जैसे कि घातक प्लाटून और लॉजिस्टिक्स टुकड़ियाँ उस पूरे विशाल क्षेत्र में जगह-जगह संवेदनशील बिंदुओं पर आवश्यकता के अनुसार तैनात थीं।

जब मुझे सूचना मिली कि पास के गाँव में छह आतंकवादी छिपे हुए हैं तो उस दिन संयोग से बटालियन बेस में मैं ही एकमात्र अधिकारी मौजूद था। मेरा एडजुटेंट, जिसे इस ऑपरेशन का नेतृत्व करना था, वह बाहर गया हुआ था। दरअसल, वह दोहरी जिम्मेदारी निभा रहा था। वह क्वार्टर मास्टर की ड्यूटी भी कर रहा था। इसकी वजह से वह लॉजिस्टिक्स कॉन्फ्रेंस में भाग लेने के लिए बहुत जल्द सुबह से ही ब्रिगेड हेडक्वार्टर गया हुआ था। इसके अलावा, उसी दिन तड़के दो और ऑपरेशन चलाए जा रहे थे। इसकी वजह से उस ऑपरेशन में शामिल सैनिकों के वापस लौटने में अभी समय था। इसलिए मैंने उस ऑपरेशन का नेतृत्व खुद ही करने का फैसला किया; हालाँकि, बाद में हमारे बैकअप के लिए मेजर हिमांशु सावंत की प्लाटून भी उस जगह पहुँची थी, जहाँ आतंकवादी मौजूद थे।

जब मुझे सूचना मिली कि पास के गाँव में छह आतंकवादी छिपे हुए हैं तो उस दिन संयोग से बटालियन बेस में मैं ही एकमात्र अधिकारी मौजूद था। मेरा एडजुटेंट, जिसे इस ऑपरेशन का नेतृत्व करना था, वह बाहर गया हुआ था। दरअसल, वह दोहरी जिम्मेदारी निभा रहा था। वह क्वार्टर मास्टर की ड्यूटी भी कर रहा था।

यहाँ एक बात समझनी जरूरी है कि हम जो भी ऑपरेशन चलाते हैं, जरूरी नहीं है कि उसमें आतंकवादियों के साथ हमारी सफल मुठभेड़ ही हो। हर एक सफल मुठभेड़ के लिए कई बार हमें आठ से दस सर्च ऑपरेशन चलाने पड़ते थे। दरअसल, आतंकवादियों के बारे में हमें जो भी सूचनाएँ मिलती थीं, उनमें से ज्यादातर या तो गलत होती थीं या फिर पुरानी। कई बार तो वे सूचनाएँ गलत और पुरानी दोनों होती थीं;

हालाँकि, उस दिन मुझे पूरा विश्वास हो रहा था कि मुझे जो भी जानकारी मिली है, वह सही भी थी और ताजा भी; क्योंकि जिन लोगों ने हमें यह सूचना दी थी, वे हमारे परंपरागत मुखबिर नहीं थे। परंपरागत मुखबिरों के साथ कई बार दिक्कत यह होती है कि वे दूसरों से सुनी-सुनाई जानकारियाँ भी दे देते हैं और बाद में वह सूचना गलत निकल जाती है। इस बार जिन्होंने हमें यह सूचना दी थी, वे उन लोगों के रिश्तेदार थे, जिनके घर पर आतंकवादी जबरन ठहरे हुए थे। ऑपरेशन शुरू करने के लिए जितने सैनिकों की जरूरत थी, मैंने उतने लोगों को इकट्ठा किया और साथ ही, एल.ओ.सी. पर तैनात हिमांशु की प्लाटून को भी बुलवा लिया। हिमांशु की प्लाटून को वहाँ पहुँचने में थोड़ा ज्यादा वक्त लगने वाला था, क्योंकि उनकी तैनाती बेस से थोड़ी दूरी पर थी; हालाँकि उन्हें पहाड़ी से नीचे की ओर उतरना था, जबकि हमें बेस से पहाड़ी पर ऊपर की ओर चढ़ना था। हम बेस से निकलने ही वाले थे, तभी मैंने देखा कि मेरे सूबेदार मेजर मेरी क्यू.आर.टी. को बड़े ही गौर से कुछ समझा रहे थे। सूबेदार मेजर बटालियन का सबसे वरिष्ठ सैनिक रैंक का अधिकारी होता है। बटालियन के सभी सैनिकों के लिए वह पिता-तुल्य होता है।

उस दिन मुझे पूरा विश्वास हो रहा था कि मुझे जो भी जानकारी मिली है, वह सही भी थी और ताजा भी; क्योंकि जिन लोगों ने हमें यह सूचना दी थी, वे हमारे परंपरागत मुखबिर नहीं थे। परंपरागत मुखबिरों के साथ कई बार दिक्कत यह होती है कि वे दूसरों से सुनी-सुनाई जानकारियाँ भी दे देते हैं और बाद में वह सूचना गलत निकल जाती है।

अपने सी.ओ. से उम्र में करीब दस साल बड़ा, एक काबिल

सूबेदार मेजर सी.ओ. का दाहिना हाथ माना जाता है। अपने अनुभव और ज्ञान के आधार पर सूबेदार मेजर सेना के वरिष्ठ अधिकारियों को विभिन्न मामलों में सलाह देते हैं और इतना ही नहीं, आवश्यकता पड़ने पर वे अपने सी.ओ. को भी सलाह देने में संकोच नहीं करते हैं।

उस दिन मैंने मजाकिया अंदाज में उनसे पूछा, "क्या हो गया, साहब ? आज मेरी क्यू.आर.टी. से बहुत बातें हो रही हैं ?"

उस दिन ऑपरेशन पर निकलने से पहले सूबेदार मेजर साहब ने मुझसे कहा कि मैं यूनिट में मौजूद मंदिर में थोड़ी देर के लिए प्रार्थना करके निकलूँ। सूबेदार मेजर की सलाह का सम्मान करते हुए मैंने मंदिर पहुँचकर भगवान् का आशीर्वाद लिया और फिर ऑपरेशन के लिए निकला।

"सर, यह पहली बार है, जब आप किसी ऑपरेशन में न केवल सी.ओ., बल्कि टीम के इंचार्ज के रूप में भी जा रहे हैं।" सूबेदार मेजर रमेश चंदर ने जवाब दिया। मैं उनके जवाब से बहुत खुश हुआ। सच कहूँ तो यह एक ऐसी महत्त्वपूर्ण भूमिका होती है, जो किसी भी बटालियन के हर सूबेदार मेजर को निभानी चाहिए।

उस दिन ऑपरेशन पर निकलने से पहले सूबेदार मेजर साहब ने मुझसे कहा कि मैं यूनिट में मौजूद मंदिर में थोड़ी देर के लिए प्रार्थना करके निकलूँ। सूबेदार मेजर की सलाह का सम्मान करते हुए मैंने मंदिर पहुँचकर भगवान् का आशीर्वाद लिया और फिर ऑपरेशन के लिए निकला। कई गाँवों और खेतों से होकर पैदल चलते हुए हम एक चट्टानी ढलान तक पहुँच गए। उस चट्टानी ढलान के आसपास बहुत ज्यादा खेत और इमारतें नहीं थीं। वहाँ घरों की संख्या बहुत कम थी और उसके आगे एक बंजर ढलान नजर आ रही थी, जो सीधे रिजलाइन,

यानी कटक रेखा तक चढ़ रही थी। जिस व्यक्ति ने मुझे आतंकवादियों के छिपे होने की सूचना दी थी, उसने तीन घरों के एक समूह की ओर इशारा किया। वे आतंकवादी उन्हीं घरों में आराम करने के मकसद से जबरदस्ती ठहरे हुए थे। दरअसल, अपने गंतव्य तक पहुँचने के लिए उन आतंकवादियों को काफी पैदल चलना पड़ा था, जिसकी वजह से वे बहुत थक गए थे। इन घरों में घुसकर उन्होंने अपने लिए खाना माँगा और फिर खाना खाकर वे सोने चले गए थे। मैंने अनुमान लगाया कि वे आतंकवादी किसी एक घर में नहीं ठहरे होंगे, बल्कि छोटे-छोटे समूह बनाकर तीनों घरों में रुके होंगे। इसलिए हमें उन तीनों घरों की घेराबंदी करनी थी। हमारे साथ जो दो प्लाटूनें थीं, मैंने उन सभी सैनिकों को चारों तरफ फैल जाने को कहा और पेड़ों व चट्टानों के पीछे इस तरह से पोजीशन लेने के लिए कहा कि जहाँ से उन तीनों घरों का नजारा साफ-साफ दिखाई दे सके। जब वे सैनिक उन तीन घरों की घेराबंदी कर रहे थे तो अलग-अलग प्लाटून और कंपनी से होने के बावजूद उन सभी के बीच एक अच्छा सामंजस्य देखने को मिला। दरअसल, जब मैं ऑपरेशन के लिए निकल रहा था तो उस वक्त बेस में जितने भी सैनिक मौजूद थे, मैंने उन सभी को अपने साथ ले लिया था, फिर वह चाहे जिस भी कारण से बेस में रुके थे; चाहे उन्हें छुट्टी पर निकलना था या फिर अगले दिन उन्हें अस्पताल जाना

अपने गंतव्य तक पहुँचने के लिए उन आतंकवादियों को काफी पैदल चलना पड़ा था, जिसकी वजह से वे बहुत थक गए थे। इन घरों में घुसकर उन्होंने अपने लिए खाना माँगा और फिर खाना खाकर वे सोने चले गए थे। मैंने अनुमान लगाया कि वे आतंकवादी किसी एक घर में नहीं ठहरे होंगे, बल्कि छोटे-छोटे समूह बनाकर तीनों घरों में रुके होंगे।

था। फिलहाल उन घरों की घेराबंदी (कॉर्डन) स्थापित करने में लगभग आधे घंटे का वक्त लगा।

कॉर्डन कमांडर सूबेदार करनैल सिंह ने मुझे रेडियो पर सूचना दी कि घेराबंदी का काम पूरा हो चुका है और साथ ही उन्होंने एक और खुशखबरी दी कि मेजर हिमांशु की प्लाटून भी करीब आधे घंटे में पहुँच जाएगी। हिमांशु की टीम उत्तर दिशा से पहाड़ी से नीचे की ओर आने वाली थी; जबकि मेरी टीम, जो घेराबंदी कर चुकी थी, दक्षिण दिशा से पहाड़ी पर ऊपर की ओर चुपचाप बढ़ने लगी। हमारा उद्‌देश्य था दुश्मन को पूरी तरह से घेरना। मेरी प्लाटून बड़ी ही सावधानी से ऊपर की ओर बढ़ने लगी। यहाँ आपको बता दूँ कि अगर आप वहाँ बने हुए ट्रैक पर नहीं चलते हैं तो सीढ़ीदार खेतों में चलना इतना आसान नहीं होता है। प्रत्येक 20 से 30 मीटर के बाद आपको खेत के अगले तल पर चढ़ना होता है। यह 5 से 10 फीट ऊँची मिट्टी की दीवार पर चढ़ने जैसा होता है। हम लोग ऊँचाई पर चढ़ ही रहे थे कि अचानक एक घर से ए.के. 47 राइफल से तेजी से फायरिंग हुई। हम सभी लोग तुरंत वहीं लेट गए और अपने आप को खेतों की मिट्टी की दीवारों के पीछे कवर

कॉर्डन कमांडर सूबेदार करनैल सिंह ने मुझे रेडियो पर सूचना दी कि घेराबंदी का काम पूरा हो चुका है और साथ ही उन्होंने एक और खुशखबरी दी कि मेजर हिमांशु की प्लाटून भी करीब आधे घंटे में पहुँच जाएगी। हिमांशु की टीम उत्तर दिशा से पहाड़ी से नीचे की ओर आने वाली थी; जबकि मेरी टीम, जो घेराबंदी कर चुकी थी, दक्षिण दिशा से पहाड़ी पर ऊपर की ओर चुपचाप बढ़ने लगी।

कर लिया। जब मैं इस बात से आश्वस्त हो गया कि मेरी टीम का कोई जवान हताहत नहीं हुआ है तो एक तरफ मुझे राहत महसूस हुई तो दूसरी तरफ मैं इस बात से उत्साहित भी हुआ कि इसी फायरिंग के बहाने वहाँ पर आतंकवादियों के मौजूद होने की पुष्टि भी हो गई थी। इस तरह, आतंकवादियों के बारे में हमें मिली जानकारी बिल्कुल सही थी और साथ ही हमारे द्वारा की गई घेराबंदी भी बिल्कुल सटीक थी। इसका मतलब यह हुआ कि अब हम एक सफल ऑपरेशन के लिए बिल्कुल तैयार थे।

आतंकवादियों की पोजीशन हमारे मुकाबले थोड़ी ज्यादा अनुकूल थी, क्योंकि वे हम पर ऊपर से गोलीबारी कर रहे थे, जो नीचे से ऊपर की ओर वार करने की अपेक्षा ज्यादा प्रभावी होती है। वहीं हमारी पोजीशन इस तरह से थी कि हम अपनी जगह से बहुत ज्यादा हिल-डुल भी नहीं सकते थे।

आतंकवादियों की पोजीशन हमारे मुकाबले थोड़ी ज्यादा अनुकूल थी, क्योंकि वे हम पर ऊपर से गोलीबारी कर रहे थे, जो नीचे से ऊपर की ओर वार करने की अपेक्षा ज्यादा प्रभावी होती है। वहीं हमारी पोजीशन इस तरह से थी कि हम अपनी जगह से बहुत ज्यादा हिल-डुल भी नहीं सकते थे। जब भी हमारे सैनिक जवाबी फायरिंग करने की कोशिश करते, दूसरी तरफ से घरों में छिपे आतंकवादी ऊपर से हम पर गोलीबारी करने लगते थे और हमारी यह मजबूरी थी कि हम खुले में अपने आप को छिपाने की कोशिश कर रहे थे। उनकी गोलियाँ हमारे पैरों के बहुत करीब लग रही थीं। मुझे याद है कि किस तरह मैं अपने पैरों को मोड़कर बैठा था और अपने पास लगती हुई गोलियों से उड़ती हुई धूल को देख सकता था।

कुछ मिनटों तक इस फायरिंग से जूझने के बाद हमें एक अच्छी खबर मिली। मेरे रेडियो ऑपरेटर ने मुझे जानकारी दी कि मेजर हिमांशु की प्लाटून वहाँ पहुँच चुकी है और उन्होंने उन घरों के ऊपर से आतंकवादियों के ऊपर फायरिंग शुरू कर दी है। इसकी वजह से आतंकवादियों का ध्यान थोड़ा बँट गया और हमें भी थोड़ी राहत का अहसास हुआ।

कुछ मिनटों तक इस फायरिंग से जूझने के बाद हमें एक अच्छी खबर मिली। मेरे रेडियो ऑपरेटर ने मुझे जानकारी दी कि मेजर हिमांशु की प्लाटून वहाँ पहुँच चुकी है और उन्होंने उन घरों के ऊपर से आतंकवादियों के ऊपर फायरिंग शुरू कर दी है। इसकी वजह से आतंकवादियों का ध्यान थोड़ा बँट गया और हमें भी थोड़ी राहत का अहसास हुआ।

इस दौरान हमें हमारी पोजीशन से लगभग 40 मीटर दूर एक सूखा नाला दिखाई दिया। उस नाले के दूसरी तरफ कुछ चट्टानें मौजूद थीं, जो अपने आप को कवर करने के लिहाज से हम लोगों को ज्यादा अच्छी जगह लगी। हमने यह फैसला किया कि हम लोग रेंगते हुए नाले के उस पार जाएँगे और उन चट्टानों के पीछे अपनी पोजीशन लेंगे। इससे हम आतंकवादियों के ठिकाने के और नजदीक पहुँच जाते और साथ ही हमारी पोजिशनिंग भी थोड़ी बेहतर हो जाती। मैं नाले के उस पार जाने के लिए उठने ही वाला था कि मेरी क्यू.आर.टी. के एक जवान राइफलमैन शेर सिंह ने मुझे रोकते हुए हेलमेट पहनने के लिए कहा। वह जवान अपने साथ मेरे लिए एक एक्सट्रा हेलमेट लेकर आया हुआ था। मैंने उस जवान से कहा, "शेर सिंह, तुम तो जानते हो कि मैं कभी हेलमेट नहीं पहनता और आज तक किसी भी ऑपरेशन में मैंने हेलमेट नहीं पहना।"

शेर सिंह अपनी बात पर अड़ा रहा और बोला, "साहब, अभी फायरिंग बहुत ज्यादा है और रेंज भी बहुत कम है।"

उसने मुझसे फिर से गुजारिश की कि मैं हेलमेट पहन लूँ। मैंने मजाकिया अंदाज में कहा, "अरे, शेर सिंह, चलो चलें। कुछ नहीं होगा।" लेकिन वह किसी भी कीमत पर मुझे बिना हेलमेट के जाने देने के लिए तैयार नहीं था। इस बार उसने जो कहा, उसने मेरे दिल को छू लिया, "ऑपरेशन पर निकलने से पहले सूबेदार मेजर साहब ने मुझसे कहा था कि अगर आपको कुछ हुआ तो वे मेरा कोर्ट मार्शल कर देंगे। उन्होंने मुझसे कहा था कि अगर कभी मुझे लगे कि आपकी जान खतरे में है तो यह मेरा कर्तव्य है कि मैं आपकी रक्षा करूँ। उन्होंने मुझे खासतौर पर हिदायत दी थी कि मैं आपसे हेलमेट पहनने के लिए आग्रह करूँ।"

मेरी आँखों के सामने वह दृश्य कौंधने लगा, जब सूबेदार मेजर मेरी क्यू.आर.टी. को ब्रीफ कर रहे थे। मैं अभिभूत था। मैंने शेर सिंह से हेलमेट लेकर पहन लिया। अपने तमाम ऑपरेशनों के दौरान मेरे जीवन में ऐसे बहुत ही कम मौके आए थे, जब मैंने हेलमेट पहना हो।

मेरी आँखों के सामने वह दृश्य कौंधने लगा, जब सूबेदार मेजर मेरी क्यू. आर.टी. को ब्रीफ कर रहे थे। मैं अभिभूत था। मैंने शेर सिंह से हेलमेट लेकर पहन लिया। अपने तमाम ऑपरेशनों के दौरान मेरे जीवन में ऐसे बहुत ही कम मौके आए थे, जब मैंने हेलमेट पहना हो।

उस दिन हम लोग उन छह खूँखार आतंकवादियों को मार गिराने में सफल रहे और वहाँ से भारी मात्रा में हथियार व गोला-बारूद बरामद किया। यह हमारे सबसे सफल अभियानों में से एक था। मैं सबसे ज्यादा इस बात से खुश था कि हमारे सभी सैनिक सुरक्षित थे। इस अभियान

के दौरान हमारे साथ कुछ और ऐसी छोटी–छोटी दिलचस्प घटनाएँ घटीं और वे सभी हेलमेट से ताल्लुक रखती हैं।

ऑपरेशन के दौरान एक वाकया ऐसा हुआ कि हमने एक घर में छिपे तीन आतंकवादियों को मार गिराया, लेकिन तभी दूसरे घर में छिपे तीन अन्य आतंकवादी वहाँ से भाग निकले। वे उस पहाड़ी पर ऊँचाई की ओर भागने लगे। चूँकि उन आतंकवादियों ने भी कॉम्बेट जैकेट पहन रखी थी, ऐसे में थोड़ी दूरी से देखने पर पता नहीं चल पा रहा था कि वे हमारे अपने सैनिक हैं या फिर आतंकवादी।

अचानक मेरे दिमाग में एक उपाय सूझा। मैंने अपने रेडियो ऑपरेटर से रेडियो सेट और खुद उस पर घोषणा की, "ऑल स्टेशन, मैं टाइगर बोल रहा हूँ। यकीन करें कि हमारे सभी सैनिक अपने हेलमेट पहन लें; क्योंकि आतंकवादियों ने कॉम्बेट जैकेट पहन रखी हैं, लेकिन उनके पास हेलमेट नहीं है। जिस किसी ने भी हेलमेट नहीं पहना है, उसे तुरंत गोली मार दो।"

अचानक मेरे दिमाग में एक उपाय सूझा। मैंने अपने रेडियो ऑपरेटर से रेडियो सेट और खुद उस पर घोषणा की, "ऑल स्टेशन, मैं टाइगर बोल रहा हूँ। यकीन करें कि हमारे सभी सैनिक अपने हेलमेट पहन लें; क्योंकि आतंकवादियों ने कॉम्बेट जैकेट पहन रखी हैं, लेकिन उनके पास हेलमेट नहीं है। जिस किसी ने भी हेलमेट नहीं पहना है, उसे तुरंत गोली मार दो।" हमारे सैनिकों ने ठीक यही काम किया और दो आतंकी मारे गए। तीसरा आतंकी चट्टानों के पीछे छुपते–छुपाते काफी आगे निकल गया था; लेकिन शुक्र है कि अंततोगत्वा उसे भी मार गिराया गया।

इसी दौरान एक और आश्चर्यजनक घटना घटी। हम लोग ऑपरेशन

खत्म कर चुके थे और अपने हथियारों एवं गोला-बारूद की जाँच कर रहे थे, तभी मेरी असॉल्ट टीम के सदस्य नायब सूबेदार करनैल सिंह राइफलमैन कमल दीप को मेरे पास लेकर आए और बोले, "सर, यह देखिए, आप यकीन नहीं कर पाएँगे!"

करनैल सिंह ने मुझे कमल दीप के हेलमेट में गोली से बना एक छेद दिखाया। वह छेद कमल दीप के माथे से थोड़ा सा ऊपर था और हेलमेट के पीछे से गोली के निकलने का भी छेद था। गोली कमल दीप के हेलमेट से आर-पार होकर निकल गई थी।

दरअसल, कमल दीप के हेलमेट में एक गोली लगी थी, जो उसके माथे से थोड़ा ऊपर से घुसते हुए दूसरी तरफ से निकल गई थी, यानी गोली हेलमेट के भीतर घुसकर कमल दीप के सिर और हेलमेट के जरा से फासले में से निकल गई थी। मैं स्तब्ध था कि कमल अभी भी जिंदा है। मैंने अविश्वास में कमल दीप से पूछा, "क्या तुमने सच में इस हेलमेट को पहन रखा था या नहीं? क्या तुम्हें पता चला था कि तुम्हारे हेलमेट में गोली लगी है?" जिस चमत्कारिक ढंग से कमल की जान बची थी, उसकी संतुष्टि का अहसास उसके चेहरे पर साफ नजर आ रहा था। लेकिन उसने बड़ी सरलता से जवाब दिया, "नहीं सर!

कमल दीप के हेलमेट में एक गोली लगी थी, जो उसके माथे से थोड़ा ऊपर से घुसते हुए दूसरी तरफ से निकल गई थी, यानी गोली हेलमेट के भीतर घुसकर कमल दीप के सिर और हेलमेट के जरा से फासले में से निकल गई थी। मैं स्तब्ध था कि कमल अभी भी जिंदा है। मैंने अविश्वास में कमल दीप से पूछा, "क्या तुमने सच में इस हेलमेट को पहन रखा था या नहीं? क्या तुम्हें पता चला था कि तुम्हारे हेलमेट में गोली लगी है?"

मुझे लगा कि शायद कोई पत्थर का टुकड़ा या कंकड़ मेरे हेलमेट में आकर लगा हो, क्योंकि गोलियाँ मेरे बेहद करीब आकर लग रही थीं।" कितना भाग्यशाली था वह आदमी! शुक्र है, वह मौत के बेहद करीब से बच गया!

एक अप्रत्याशित स्रोत से अचानक जानकारी मिलने से लेकर मेजर हिमांशु की कंपनी का सही समय पर सहयोग—सच कहूँ तो उस दिन किस्मत हमारे साथ थी। उस दिन कई ऐसी चीजें थीं, जो हमारे लिए गलत साबित हो सकती थीं। किस्मत हमेशा वीरों का साथ देती है! लेकिन इसे सही तरीके से अंजाम देना और हेलमेट पहनना इसमें और मददगार साबित हुआ!

□

सूबेदार मेजर बटालियन का सबसे वरिष्ठ सैनिक रैंक का अधिकारी होता है। बटालियन के सभी सैनिकों के लिए वह पिता-तुल्य होता है और कमांडिंग ऑफिसर (C.O.) का दाहिना हाथ माना जाता है।

5

बाल-बाल बचे

जब भी कोई सैनिक युद्ध के लिए निकलता है तो उसे पता नहीं होता है कि वह वापस लौटकर आएगा भी या नहीं, या यह भी हो सकता है कि वह जीवन भर के लिए अपंग हो जाए। वह अपनी जान हथेली पर रखकर जाता है और उसके पास ये सब बातें सोचने का वक्त नहीं होता। उसे अपनी मौत का जरा सा भी खौफ नहीं होता और न ही उसके पास अपने परिवार या बच्चों के बारे में सोचने का वक्त होता है। वह तो बस, अपने मिशन की सफलता के बारे में ही सोचता है।

एक सैनिक की दुनिया में जिंदगी और मौत के बीच की दूरी बहुत कम होती है। उसके लिए हर दिन ऐसा होता है, जैसे वह मौत के हाथ से फिसल गया हो। वास्तव में, कई बार तो सैनिक को पता भी नहीं चलता कि कब कोई गोली या ग्रेनेड उसे छूकर निकल गया है। अगर उसे यह पता चल भी जाता है तो वह बस, एक क्षण के लिए ऊपरवाले को धन्यवाद देते हुए अपनी लड़ाई जारी रखता है। वह अपनी जिंदगी बच जाने की खुशी भी नहीं मना पाता। इस तरह के कुछ मौके मेरी जिंदगी में भी आए थे, जब किस्मत ने मेरा साथ दिया था।

हमारा ब्रिगेड हेडक्वार्टर एल.ओ.सी. के बहुत पास पुंछ शहर में था। एक बार मैं ब्रिगेड मुख्यालय में एक ऑपरेशनल चर्चा में हिस्सा ले रहा था। इस तरह की चर्चाओं में भाग लेनेवाले सभी अधिकारी सिंडिकेट्स में बँटे होते हैं, जो युद्ध की योजना बनाते हैं। उस दिन हम

लोग उन तमाम संभावनाओं और तरीकों पर चर्चा कर रहे थे, जिससे कि दुश्मन पुंछ पर हमला कर सकता है। पुंछ की यह खासियत है कि यह एकमात्र ऐसा शहर है, जो एल.ओ.सी. पर स्थित है। इसमें एक हवाई पट्टी भी है, जैसा कि हमारी सेना में कहा जाता है कि पुंछ 'शो विंडो' में लगा हुआ है और दुश्मन इसे एक पुरस्कार के तौर पर देखता है। वर्ष 1947 में पहाड़ों के बीच स्थित यह संवेदनशील शहर पाकिस्तान सेना द्वारा घेर लिया गया था।

> *उस दिन मुख्यालय में चर्चा चल ही रही थी कि इसी दौरान ब्रिगेड मेजर भागते हुए अंदर आए और बताया कि मेरे यूनिट एरिया में आतंकवादियों के साथ एक मुठभेड़ शुरू हो गई है। ब्रिगेड कमांडर ब्रिगेडियर ए.एस. सेखों ने मेरी ओर देखा और अपने चेहरे पर आधी मुसकान लिये हुए बोले, "मुझे यकीन है कि अब आप तुरंत जाना चाहेंगे।"*

उस दिन मुख्यालय में चर्चा चल ही रही थी कि इसी दौरान ब्रिगेड मेजर भागते हुए अंदर आए और बताया कि मेरे यूनिट एरिया में आतंकवादियों के साथ एक मुठभेड़ शुरू हो गई है। ब्रिगेड कमांडर ब्रिगेडियर ए.एस. सेखों ने मेरी ओर देखा और अपने चेहरे पर आधी मुसकान लिये हुए बोले, "मुझे यकीन है कि अब आप तुरंत जाना चाहेंगे।" ब्रिगेड कमांडर यह बात कह ही रहे थे, तब तक मैं अपनी सीट से खड़ा हो चुका था। उन्होंने मुझे 'बेस्ट ऑफ लक' कहा और मैंने उन्हें धन्यवाद दिया। कमांडर साहब ने फिर कहा, "उम्मीद है कि हमें जल्द ही खुशखबरी सुनने को मिलेगी।"

मेरी बटालियन पुंछ के पूर्व में वहाँ से लगभग 15 कि.मी. की दूरी पर स्थित थी। पुंछ एल.ओ.सी. से 2 से 3 कि.मी. की दूरी पर स्थित

है, जबकि मेरा बेस एल.ओ.सी. से 7 से 8 कि.मी. दक्षिण में था। एल.ओ.सी. और बेस के बीच पहाड़ों की दो रिजलाइन, यानी श्रृंखलाएँ थीं। इसमें से कुछ पहाड़ तो करीब 9,000 से 10,000 फीट तक ऊँचे थे। मेरी कंपनियाँ इन पहाड़ों पर जगह-जगह कई चौकियों पर तैनात थीं।

हमारे बेस और रिजलाइन पर मौजूद घातक प्लाटून पोस्ट के बीच स्थित एक जंगली इलाके में छह आतंकवादी घुस आए थे। मैं अपनी जिप्सी में सवार होकर उस इलाके की ओर निकल गया, जो वहाँ से लगभग 20 मिनट की दूरी पर था। मेरे साथ मेरा 'दाहिना हाथ' मेजर हिमांशु सावंत और सी.ओ. की क्यू.आर.टी. भी थी। सी.ओ. की क्यू.आर.टी. में बटालियन के पाँच सैनिक शामिल थे। वे पाँचों सैनिक फिटनेस, फायरिंग और उत्साह के मामले में बेहतरीन थे। तीन साल तक उस एरिए की जिम्मेदारी मेरे कंधों पर थी और इस दौरान वे पाँचों सैनिक मेरी सभी मुठभेड़ों एवं ऑपरेशनों में हमेशा मेरे साथ रहे।

हमारे बेस और रिजलाइन पर मौजूद घातक प्लाटून पोस्ट के बीच स्थित एक जंगली इलाके में छह आतंकवादी घुस आए थे। मैं अपनी जिप्सी में सवार होकर उस इलाके की ओर निकल गया, जो वहाँ से लगभग 20 मिनट की दूरी पर था। मेरे साथ मेरा 'दाहिना हाथ' मेजर हिमांशु सावंत और सी.ओ. की क्यू. आर.टी. भी थी।

पहाड़ों की ढलानवाले जंगली इलाके में मुठभेड़ शुरू हो चुकी थी और वह इलाका हमारे बेस से मात्र 3 कि.मी. की दूरी पर था। जब मैं उस इलाके की ओर बढ़ रहा था, उसी वक्त मेरे यूनिट बेस से मुझे उस मुठभेड़ के बारे में रेडियो सेट पर यह खबर मिली। (उस वक्त वहाँ मोबाइल फोन नहीं हुआ करते थे) जाहिर सी बात है कि जब मेरे सैनिकों

को आतंकवादियों के बारे में खबर मिली तो वे तुरंत उस जगह पर पहुँच गए। टारगेट को दक्षिण से घेरने के लिए बेस कैंप से अतिरिक्त जवान भेजे गए थे। उस पहाड़ का एक बड़ा इलाका जंगलों से घिरा हुआ था, जिस पर चढ़ने में करीब एक घंटे का वक्त लगता था। इस बीच, कैप्टन विनोद कुमार के नेतृत्व में तीस कमांडोज की एक घातक प्लाटून ढलान पर नीचे की ओर आतंकवादियों के ठिकाने के पास आ गई। उस प्लाटून का कैंप आतंकवादियों के ठिकाने के मुकाबले पहाड़ की ऊँचाई पर स्थित था। इससे पहले कि दोनों टीमों के बीच समुचित सामंजस्य बन पाता, आतंकवादियों ने हमारे सैनिकों पर गोलीबारी शुरू कर दी। हमारी स्थिति थोड़ी अप्रत्याशित थी, क्योंकि हम मुठभेड़ स्थल को पूरी तरह से घेर नहीं पाए थे। हमने जो घेराबंदी की थी, उसमें मुठभेड़ स्थल और नीचे दक्षिण की ओर मौजूद सड़क के बीच का कुछ एरिया खाली रह गया था। अगर वे आतंकवादी किसी तरह से उस रास्ते से निकलने में कामयाब हो जाते तो वे एल.ओ.सी. से काफी पीछे निकल जाते। इस तरह से, वे आबादीवाले क्षेत्र में घुस जाते, और यही उनका लक्ष्य भी था।

कैप्टन विनोद कुमार के नेतृत्व में तीस कमांडोज की एक घातक प्लाटून ढलान पर नीचे की ओर आतंकवादियों के ठिकाने के पास आ गई। उस प्लाटून का कैंप आतंकवादियों के ठिकाने के मुकाबले पहाड़ की ऊँचाई पर स्थित था। इससे पहले कि दोनों टीमों के बीच समुचित सामंजस्य बन पाता, आतंकवादियों ने हमारे सैनिकों पर गोलीबारी शुरू कर दी।

हम पहाड़ के आधार तक पहुँच चुके थे और वहाँ से पैदल ही उस पर चढ़ाई शुरू कर दी। वहाँ मेरी यूनिट का एक ड्राइवर अपने ट्रक के

साथ हमारा इंतजार कर रहा था। वह बेस से अपने साथ कुछ गोला-बारूद लाया था; लेकिन उन हथियारों को मुठभेड़ स्थल तक ले जाने के लिए कोई जवान मौजूद नहीं था। मेरी क्यू.आर.टी. के पाँच लोगों में से हर जवान ने कुछ ग्रेनेड्स अपने साथ रख लिये। चूँकि इन जवानों के पास पहले से ही अपने खुद के हथियार व गोला-बारूद थे और उन्होंने बुलेट प्रूफ जैकेट भी पहन रखी थी, ऐसे में वे अपने साथ बहुत ज्यादा असलहा लेकर नहीं चल सकते थे।

मैं एकमात्र ऐसा व्यक्ति था, जिसके पास न तो हथियार था और न ही मैंने बुलेट प्रूफ जैकेट पहन रखी थी। इसलिए मैंने 84 मि.मी. रॉकेट के दो पॉड्स उठा लिये, जिनमें से हर पॉड में दो रॉकेट होते हैं। जब आतंकवादी दीवारों के पीछे छुपकर हमारे ऊपर फायरिंग करते हैं तो हम लोग इन्हीं रॉकेट्स की मदद से उन दीवारों को विस्फोट करके उड़ा देते हैं। इसमें से हर पॉड लगभग 15 किलो का था।

मैंने 84 मि.मी. रॉकेट के दो पॉड्स उठा लिये, जिनमें से हर पॉड में दो रॉकेट होते हैं। जब आतंकवादी दीवारों के पीछे छुपकर हमारे ऊपर फायरिंग करते हैं तो हम लोग इन्हीं रॉकेट्स की मदद से उन दीवारों को विस्फोट करके उड़ा देते हैं। इसमें से हर पॉड लगभग 15 किलो का था।

पहाड़ों की ढलान को काटकर वहाँ सीढ़ीदार खेत बने हुए थे। हम लोग जैसे-जैसे ऊँचाई की ओर बढ़ते चले गए, वैसे-वैसे जंगल घना होता चला गया और हमें शुद्ध हवा का अहसास हो रहा था। मैं मन में सोचते हुए आगे बढ़ रहा था कि शायद इस शांति और शुद्धता की वजह से ही साधु पहाड़ों में ध्यान लगाने के लिए आया करते हैं; लेकिन उस दिन यह सब सोचने का समय नहीं था। वह तो सीधे काररवाई का वक्त

था। ध्यान से ज्यादा कर्म महत्त्वपूर्ण था। मैंने विनोद से रेडियो सेट पर ताजा स्थिति का जायजा लिया। जिस दिशा में मैं आगे बढ़ रहा था, विनोद ने मुझे उस ढलान पर एक 'स्टॉप' टीम तैनात करने की सलाह दी, ताकि आतंकवादी उस दिशा से भाग न सकें। हमारे पास अतिरिक्त सैनिक नहीं थे, जिनकी तैनाती हम वहाँ कर पाते। इसलिए मैंने 'स्टॉप' के तौर पर काम करने के लिए अपनी क्यू.आर.टी. से लाइट मशीन गन ग्रुप (एल.एम.जी.) को वहाँ तैनात कर दिया। हालाँकि, ऐसा करना खतरे से खाली नहीं था, क्योंकि अब हमारे साथ केवल चार ही लोग बचे थे—दो सैनिक, मेजर हिमांशु सावंत और मैं। हमारे पास केवल तीन ए.के. राइफलें थीं।

मेरे आगे जो तीन सैनिक चल रहे थे, वे सभी एल.एम.जी. ग्रुप में डेप्लॉय हो चुके थे। इसलिए मैं अब लीडिंग मैन के तौर पर चलने लगा था। पेट्रोलिंग के दौरान जो दो सैनिक सबसे आगे चलते हैं, उन्हें 'स्काउट्स' कहा जाता है। ये स्काउट्स दुश्मनों पर पैनी निगाह रखते हैं। उनमें से एक जवान बाईं तरफ की निगहबानी करता है और दूसरा दाईं तरफ की। चूँकि स्काउट सबसे आगे चलता है, ऐसे में उसे सबसे पहले दुश्मन की गोली लगने का खतरा रहता है। एक जगह एक सँकरा रास्ता आया तो वहाँ पर उनमें से एक सैनिक ने मेरी सुरक्षा की दृष्टि से मुझसे आगे होने की कोशिश की। मैंने मजाकिया अंदाज में उससे कहा, "चिंता मत करो। हालाँकि मेरे पास

मेरे आगे जो तीन सैनिक चल रहे थे, वे सभी एल.एम.जी. ग्रुप में डेप्लॉय हो चुके थे। इसलिए मैं अब लीडिंग मैन के तौर पर चलने लगा था। पेट्रोलिंग के दौरान जो दो सैनिक सबसे आगे चलते हैं, उन्हें 'स्काउट्स' कहा जाता है। ये स्काउट्स दुश्मनों पर पैनी निगाह रखते हैं।

रॉकेट लॉन्चर नहीं है, मैं इस 84 एम.एम. के रॉकेट को आतंकवादी पर फेंक कर मार सकता हूँ।"

अपने दोनों हाथों में भारी रॉकेट पॉड्स उठाकर पहाड़ी पर चढ़ना इतना आसान नहीं था। करीब 20 मिनट चलने के बाद हमारे सामने एक सँकरा नाला आया। रॉकेट पॉड्स को लेकर मेरे लिए नाले के उस पार कूदना मुश्किल था, इसलिए मैंने अपने पैरों को फैलाकर नाले को लाँघने की कोशिश की। मेरा एक पैर नाले के इस किनारे पर एवं दूसरा पैर नाले के उस किनारे पर था और मैं अपना संतुलन सँभालने के लिए उसी पोजीशन में लगभग एक-आध सेकंड के लिए रुका रहा। अचानक हिमांशु बड़ी तेजी से चीखा, "अरे··· अरे···अरे···अरे··· !" उसकी ओर देखने के लिए मैं उसी पोजीशन में पीछे घूमा।

उसी क्षण उसने अपनी ए.के. राइफल से मुझ पर फायर कर दिया। मैं अपनी जगह जड़वत् खड़ा था। मुझे ऐसा कुछ सुनाई दिया, जैसे राइफल की गोली मेरे कान के बिल्कुल नजदीक से निकल गई हो। जब गोलियाँ आपके बहुत करीब से गुजरती हैं तो आपको बहुत कर्कश ध्वनि सुनाई पड़ती है।

उसी क्षण उसने अपनी ए.के. राइफल से मुझ पर फायर कर दिया। मैं अपनी जगह जड़वत् खड़ा था। मुझे ऐसा कुछ सुनाई दिया, जैसे राइफल की गोली मेरे कान के बिल्कुल नजदीक से निकल गई हो। जब गोलियाँ आपके बहुत करीब से गुजरती हैं तो आपको बहुत कर्कश ध्वनि सुनाई पड़ती है। यह उस ध्वनि से बिल्कुल भिन्न होती है, जो आप दूर से सुनते हैं। जिस आदमी को गोली लगती है, उसे इसकी आवाज नहीं सुनाई पड़ती। उस वक्त बारूद की गंध से मेरी नाक भर उठी थी। यह सारी घटना मात्र कुछ ही

सेकंड में हुई थी। जल्दी में मैं सीढ़ीदार खेत के निचले तल पर कूद गया, जो लगभग 8 फीट नीचे था। कूदने के चक्कर में मैं गिर पड़ा और एक रॉकेट पॉड भी नाले में गिर गया। साथ ही, मेरे टखने में भी बुरी तरह से मोच आ गई थी।

हैरान होने के बावजूद मैंने जल्दी से अपने आप को सँभाला और लपककर सीढ़ीनुमा खेत की मिट्टी की दीवार के पीछे जाकर आड़ ले ली। फिर मैंने धीरे से अपना सिर उठाकर ऊपर सीढ़ीदार खेत के अगले तल पर देखा, जहाँ हिमांशु के साथ हमारे दो और जवान खड़े थे। मेरे नीचे कूदने के बाद फायरिंग रुक गई थी। मैंने देखा कि हिमांशु और क्यू.आर.टी. के दो सैनिक उस क्षेत्र का बड़े ध्यान से अवलोकन कर रहे थे। एक जवान रेंगते हुए आगे बढ़ रहा था, जबकि दूसरा उसे कवर कर रहा था। वे पता लगा रहे थे कि वहाँ कोई संदिग्ध हरकत तो नहीं हो रही है। मैंने एक जवान को आवाज दी। वह रेंगते हुए बड़ी ही सावधानीपूर्वक मेरे पास आया और मुझसे पूछा कि मुझे कहीं चोट तो नहीं लगी है।

हैरान होने के बावजूद मैंने जल्दी से अपने आप को सँभाला और लपककर सीढ़ीनुमा खेत की मिट्टी की दीवार के पीछे जाकर आड़ ले ली। फिर मैंने धीरे से अपना सिर उठाकर ऊपर सीढ़ीदार खेत के अगले तल पर देखा, जहाँ हिमांशु के साथ हमारे दो और जवान खड़े थे। मेरे नीचे कूदने के बाद फायरिंग रुक गई थी।

मुझे सुरक्षित देखकर वह जवान काफी आश्चर्यचकित था और उसने मुझे सकुशल देखकर राहत की साँस ली। दरअसल, जब गोली आपको लगभग छूकर निकल गई हो तो ऐसे में टखने की चोट उसके

सामने छोटी ही लगती है। जब मैंने उसे बताया कि मुझे कुछ भी पता नहीं चला कि हुआ क्या था और हिमांशु ने मुझ पर गोली क्यों चलाई, तो यह सुनकर वह और भी हैरान हो गया। बाद में पता चला कि उस नाले में एक आतंकवादी छिपा हुआ था, जिसे मैं देख नहीं पाया था। जैसा कि हमने अंदाजा लगाया था, वह आतंकवादी ढलान की ओर सड़क के रास्ते बच निकलने की फिराक में था। दरअसल, जब नाला पार करते समय अपना संतुलन सँभालने के लिए मैं एक सेकंड के लिए रुका था तो उस आतंकवादी ने मुझे मारने के लिए अपनी ए.के. राइफल तान ली थी। हिमांशु, जो मुझसे लगभग दस कदम पीछे चल रहा था (गश्त के दौरान हम लगभग इतनी दूरी बनाकर चलते हैं), की नजर उस आतंकवादी पर पड़ गई। मुझे सावधान करने के मकसद से वह तेजी से चिल्लाया और उसने तुरंत उस आतंकवादी पर गोली भी चला दी। भगवान् का शुक्र है कि उसकी बुद्धि-तत्परता काम आई।

> ***जब नाला पार करते समय अपना संतुलन सँभालने के लिए मैं एक सेकंड के लिए रुका था तो उस आतंकवादी ने मुझे मारने के लिए अपनी ए.के. राइफल तान ली थी। हिमांशु, जो मुझसे लगभग दस कदम पीछे चल रहा था (गश्त के दौरान हम लगभग इतनी दूरी बनाकर चलते हैं), की नजर उस आतंकवादी पर पड़ गई।***

उस दिन मैं तीन मायने में भाग्यशाली रहा था। पहला यह कि हिमांशु ने उस आतंकवादी को मार गिराया था; दूसरा, उस आतंकवादी की गोली मुझे नहीं लगी और तीसरा, हिमांशु की गोली भी मुझे नहीं लगी। मुझे हिमांशु की गोली लगने की पूरी संभावना थी। हमें यह तय करने में करीब 10 मिनट और लग गए कि कहीं कोई और आतंकवादी हमारे

आसपास तो नहीं छिपा है। उसके बाद हम थोड़ी देर के लिए शांतिपूर्वक बैठे रहे। मैंने हिमांशु से मजाकिया अंदाज में कहा, "मुझे बिल्कुल भी डर नहीं लगा। सच कहूँ तो जब तुमने मुझ पर गोली चलाई थी तो मुझे डर से ज्यादा हैरानी हुई थी।"

हिमांशु ने बड़ी ही सरलता से जवाब दिया, "लेकिन मैं तो डर गया था।" हिमांशु को दरअसल इस बात का भी डर था कि कहीं उसकी गोली मुझे न लग जाए।

सी.ओ. की जान बचाने की वजह से हिमांशु बटालियन का हीरो बन गया था। वास्तव में, वह पहले से ही एक हीरो था और अब वह और बड़ा हीरो बन गया था। तमाम मौकों पर उसने जिस तरह से अपनी असाधारण बहादुरी और बुद्धि-तत्परता दिखाई थी, वह यूनिट का एक स्टार ही था। लोग उसे यूनिट के लिए एक भाग्यशाली शुभंकर मानते थे।

सी.ओ. की जान बचाने की वजह से हिमांशु बटालियन का हीरो बन गया था। वास्तव में, वह पहले से ही एक हीरो था और अब वह और बड़ा हीरो बन गया था। तमाम मौकों पर उसने जिस तरह से अपनी असाधारण बहादुरी और बुद्धि-तत्परता दिखाई थी, वह यूनिट का एक स्टार ही था। लोग उसे यूनिट के लिए एक भाग्यशाली शुभंकर मानते थे। सैनिकों का ऐसा मानना था कि अगर किसी भी ऑपरेशन में हिमांशु उनके साथ है तो वे निश्चित तौर पर सफल होंगे। एक बार उसने फिर से साबित कर दिया था कि वह हमारे लिए भाग्यशाली था। उस दिन के ऑपरेशन में हमने सभी छह आतंकवादियों को मार गिराया था और हमारी तरफ से कोई भी क्षति नहीं हुई थी। इस तरह, हमने उस ऑपरेशन को सफलतापूर्वक अंजाम

दिया था। बस, यही एक दुर्घटना होते-होते बची थी, जिसका जिक्र मैं कर चुका हूँ। यह एक ऐसी घटना थी, जिसकी चर्चा हमारी बटालियन में अकसर होती रहती थी, जब-जब इस घटना को याद किया जाता था तो इस पर सबसे ज्यादा खुलकर हँसनेवाला शख्स मैं ही होता था। साथ ही, भगवान् और हिमांशु को मेरी जान बचाने के लिए मैं मन-ही-मन शुक्रिया भी कहता हूँ।

ऐसा नहीं था कि मेरी जान पहली बार इस तरह से न बची हो। एक अन्य मुठभेड़ में एक बार हमने तीन आतंकवादियों को घेर रखा था। वे आतंकवादी एक ढोक से फायरिंग कर रहे थे। ढोक एक अस्थायी घर होता है। जब गरमी के मौसम में पहाड़ों की ऊँचाई पर बर्फ पिघल जाती है तो गाँववाले अपने मवेशियों को चराने के लिए वहाँ जाते हैं और ढोक बनाकर रहते हैं।

ऐसा नहीं था कि मेरी जान पहली बार इस तरह से न बची हो। एक अन्य मुठभेड़ में एक बार हमने तीन आतंकवादियों को घेर रखा था। वे आतंकवादी एक ढोक से फायरिंग कर रहे थे। ढोक एक अस्थायी घर होता है। जब गरमी के मौसम में पहाड़ों की ऊँचाई पर बर्फ पिघल जाती है तो गाँववाले अपने मवेशियों को चराने के लिए वहाँ जाते हैं और ढोक बनाकर रहते हैं।

वह ढोक बिल्कुल सीधी पहाड़ी पर बने सीढ़ीदार खेतों पर टिका हुआ था और चारों तरफ से घने पेड़ों से घिरा हुआ था। इसकी वजह से परिस्थितियाँ हमारे काफी प्रतिकूल थीं। उन सीढ़ीदार खेतों में मक्के की फसल लगी हुई थी, जिसकी लंबाई करीब 6 से 8 फीट रही होगी। हमारे सामने काफी मुश्किलें थीं, क्योंकि मक्के की इस फसल की वजह से आतंकवादियों के छिपने के लिए काफी महफूज जगह

मिली थी। हमें किसी तरह से उस घर को विस्फोट करने या उसमें धुआँ भरने का तरीका बनाना था, ताकि आतंकवादियों को बाहर निकलने के लिए मजबूर किया जा सके। हमें जो कुछ करना था, वह जल्दी करना था; क्योंकि अँधेरा बढ़ रहा था और अँधेरे में आतंकवादियों के बच निकलने की संभावना बढ़ जाती है। मैंने उस घर के और नजदीक जाने का फैसला किया, क्योंकि मुझे जल्द-से-जल्द उस मुठभेड़ को खत्म करना था।

हम में से करीब छह से सात लोग पेट के बल रेंगते हुए उस सीढ़ीदार खेत के अगले तल तक पहुँचे। हमारी योजना थी कि हम किसी तरह से उस सीढ़ीदार खेत की दीवार के नजदीक पहुँचें। हम चाहते थे कि आतंकवादियों को बिना पता चले हुए कवर की मदद से हम उनके नजदीक पहुँच जाएँ।

हम में से करीब छह से सात लोग पेट के बल रेंगते हुए उस सीढ़ीदार खेत के अगले तल तक पहुँचे। हमारी योजना थी कि हम किसी तरह से उस सीढ़ीदार खेत की दीवार के नजदीक पहुँचें। हम चाहते थे कि आतंकवादियों को बिना पता चले हुए कवर की मदद से हम उनके नजदीक पहुँच जाएँ। हमारे अंदाजे के मुताबिक वहाँ केवल एक आतंकवादी जिंदा बचा था और उसके पास बहुत ज्यादा गोला-बारूद नहीं बचा होगा; क्योंकि मुठभेड़ पिछले कुछ घंटों से लगातार चल रही थी, जिसकी वजह से उस आतंकवादी की गोलियाँ अब लगभग खत्म हो चुकी थीं। जब हम वहाँ से लगभग 30 मीटर की दूरी पर थे तो अचानक उस आतंकवादी ने हमारे ऊपर फायरिंग शुरू कर दी। शायद उसे हमारी किसी गतिविधि का अंदाजा लग गया होगा।

उसने बड़ी सावधानी से केवल एक-दो गोलियाँ चलाईं। इससे यह

स्पष्ट हो गया कि उसके पास काफी कम गोलियाँ बची थीं। गोलियाँ कम होने की वजह से वह आतंकवादी किसी भी वक्त वहाँ से बच निकलने की फिराक में था। चूँकि हम खेत के निचले तल पर थे, इसलिए गोलियाँ हमारे सिर के ऊपर से होकर जा रही थीं। उसने हम पर कुछ हथगोले भी फेंके। मुझे जल्द-से-जल्द उस मुठभेड़ को खत्म करना था, क्योंकि जैसे-जैसे अँधेरा हो रहा था, वैसे-वैसे उस आतंकवादी के लिए बच निकलने का मौका बढ़ता जा रहा था।

अचानक मुझे लगा जैसे किसी ने मेरी पीठ पर धक्का दिया हो। मैं सूबेदार प्रीतम सिंह (उनका उपनाम 'कमांडो' था, क्योंकि वे एक कमांडो इंस्ट्रक्टर भी रह चुके थे) को देखने के लिए पीछे मुड़ा। उस मक्के के खेत में सूबेदार प्रीतम सिंह ने अपने दोनों हाथों से किसी को दबोच रखा था और लगातार उस पर लात से प्रहार कर रहे थे। साथ ही, वह जोर से चिल्ला भी रहे थे।

अचानक मुझे लगा जैसे किसी ने मेरी पीठ पर धक्का दिया हो। मैं सूबेदार प्रीतम सिंह (उनका उपनाम 'कमांडो' था, क्योंकि वे एक कमांडो इंस्ट्रक्टर भी रह चुके थे) को देखने के लिए पीछे मुड़ा। उस मक्के के खेत में सूबेदार प्रीतम सिंह ने अपने दोनों हाथों से किसी को दबोच रखा था और लगातार उस पर लात से प्रहार कर रहे थे।

सारा दृश्य मुझे साफ समझ आ गया कि वह आतंकवादी मक्के के खेत का फायदा उठाकर भागने की कोशिश कर रहा था। उसी से मेरी पीठ पर धक्का लगा था, क्योंकि वह मेरे पीछे की तरफ से निकल भागा था। लेकिन प्रीतम सिंह की नजर उस आतंकवादी पर पड़ गई थी और उसने उसे लपककर पकड़ लिया था। चूँकि प्रीतम अपने दोनों हाथों से

उसके पैरों को पकड़े हुए थे, इसलिए वह गोली नहीं चला पा रहे थे और वह अपने पैरों से उस आतंकवादी के पेट व कमर पर लगातार प्रहार कर रहे थे।

तभी अचानक उस आतंकवादी के हाथ में उसकी राइफल आ गई और उसने अपनी राइफल से कुछ गोलियाँ दागीं। लेकिन उन गोलियों से कुछ नुकसान नहीं हुआ, क्योंकि प्रीतम की पकड़ की वजह से वह आतंकवादी अपनी जगह से घूम नहीं पा रहा था। तब तक मेरे बाकी के जवान उस आतंकवादी के ऊपर झपट पड़े और वह मारा गया। एक बार फिर मौत हमारे बेहद करीब से होकर गुजर गई थी। मेरी शर्ट पर पीछे की ओर खून के कुछ धब्बे भी लगे हुए थे। शायद जब उस आतंकवादी ने मुझे पीछे से धक्का दिया था, तब वह घायल रहा होगा और उसके शरीर से खून निकल रहा होगा।

तभी अचानक उस आतंकवादी के हाथ में उसकी राइफल आ गई और उसने अपनी राइफल से कुछ गोलियाँ दागीं। लेकिन उन गोलियों से कुछ नुकसान नहीं हुआ, क्योंकि प्रीतम की पकड़ की वजह से वह आतंकवादी अपनी जगह से घूम नहीं पा रहा था।

एक अन्य घटना में, एक बार छह आतंकवादियों के मारे जाने के बाद मैं जाँच करने के लिए मुठभेड़ स्थल पर गया हुआ था। असॉल्ट टीम का नेतृत्व सूबेदार बोधराज कर रहे थे। मैं उन्हीं के साथ उन दो घरों की ओर बढ़ रहा था, जहाँ आतंकवादियों ने अपना ठिकाना बनाया हुआ था। हमारे चारों ओर सैनिक पोस्ट-एनकाउंटर सर्च का काम कर रहे थे। यह सर्च हमारी आवश्यक रणनीति का हिस्सा होती है। चार आतंकवादियों को पहले ही मार गिराया गया था, जबकि बाकी के दो

आतंकियों को तब मारा गया था, जब वे पेड़ों की आड़ लेते हुए भागने की कोशिश कर रहे थे। घर से करीब 50 मीटर की दूरी पर मुझे उनकी लाशें पड़ी हुई नजर आ रही थीं। पोस्ट-एनकाउंटर सर्च का काम सूबेदार प्रीतम सिंह और उनकी टीम कर रही थी। जब मैं सूबेदार प्रीतम सिंह के पास होते हुए आगे बढ़ा तो मैंने उनसे मजाकिया अंदाज में कहा, "इतनी सारी मुठभेड़ों के बाद यकीनन आपको यह बताने की जरूरत नहीं है कि उग्रवादी के मृतक शरीर के नजदीक जाने से पहले किस तरह की सावधानी बरतनी होती है।"

दरअसल, कई बार ऐसा होता है कि मरते वक्त आतंकवादी खुले ग्रेनेड पर लेट जाते हैं, ताकि जब कोई उनकी डेड बॉडी को हटाए तो वह ग्रेनेड फट जाए और वे मरते-मरते भी सेना को भारी नुकसान पहुँचा सकें। सूबेदार प्रीतम सिंह ने बड़े आत्मविश्वास के साथ जवाब दिया, "चिंता मत कीजिए, साहब। हम यह काम पहले भी कई बार कर चुके हैं।" उनकी बात सही भी थी, क्योंकि मेरी बटालियन के सैनिक अब तक काफी अनुभवी हो चुके थे और वे ऑपरेशन से जुड़े सभी मानकों (SOP) का अच्छी तरह से पालन करते थे। वे सारी ड्रिल को भी बड़ी लगन और मुस्तैदी से करते थे। जब सूबेदार बोधराज और मैं उस घर के पास पहुँचे तो हम दरवाजे पर एक मिनट के लिए रुक

कई बार ऐसा होता है कि मरते वक्त आतंकवादी खुले ग्रेनेड पर लेट जाते हैं, ताकि जब कोई उनकी डेड बॉडी को हटाए तो वह ग्रेनेड फट जाए और वे मरते-मरते भी सेना को भारी नुकसान पहुँचा सकें। सूबेदार प्रीतम सिंह ने बड़े आत्मविश्वास के साथ जवाब दिया, "चिंता मत कीजिए, साहब। हम यह काम पहले भी कई बार कर चुके हैं।"

गए, ताकि हमारी नजरें अंदर के अँधेरे के हिसाब से एडजस्ट हो जाएँ। तभी पास में ही एक ग्रेनेड फट गया और सूबेदार बोधराज अचानक तेजी से चीखते हुए अंदर की ओर भागे। दरअसल, एक आतंकवादी की डेड बॉडी पर बँधा हुआ ग्रेनेड फट गया था। सौभाग्य से, हमारे सभी सैनिक सुरक्षित थे, क्योंकि उन्होंने ऑपरेशन के तय मानकों के हिसाब से ही लाश को हटाया था। मानक प्रक्रिया के मुताबिक, लाश हटाते वक्त उसे रस्सी से बाँध दिया जाता है और उसके बाद किसी दीवार या कवर के पीछे छुपकर उस रस्सी को खींचा जाता है। वैसे तो हम लोग उस जगह से करीब सौ मीटर की दूरी पर खड़े थे, लेकिन उसके बावजूद ग्रेनेड के कुछ छर्रे सूबेदार बोधराज की पीठ पर आकर लगे; हालाँकि, उनको बहुत ज्यादा चोटें नहीं आई थीं। ग्रेनेड के स्प्लिंटर मुझे भी लग सकते थे, क्योंकि मैं भी सूबेदार बोधराज के बराबर में ही खड़ा था और हम दोनों कंधे-से-कंधा मिलाकर घर के अंदर झाँक रहे थे। भगवान् का शुक्र था कि मैं उस दिन बहुत थोड़े अंतर से बच गया था और साथ ही सूबेदार बोधराज की चोट भी मामूली ही थी।

यह कर्म है या भाग्य? इस प्रश्न का जवाब तो मुझे नहीं मालूम, लेकिन एक बात जरूर है कि अच्छे कर्म का परिणाम हमेशा अच्छा ही होता है।

□

एक सैनिक की दुनिया में जिंदगी और मौत के बीच की रेखा बेहद बारीक होती है। उसके लिए हर दिन ऐसा होता है, जैसे मौत उसके हाथ से बस, थोड़ी सी फिसल गई हो। असल में, कई बार तो सैनिक को पता भी नहीं चलता कि कब कोई गोली उसे छूकर निकल गई। अगर उसे यह पता चल भी जाता है तो वह बस, एक क्षण के लिए ऊपरवाले को धन्यवाद देते हुए अपनी लड़ाई जारी रखता है।

□

6
गाँव में एक औरत

मेरी बटालियन जम्मू व कश्मीर के पुंछ जिले में स्थित एल.ओ.सी. पर तैनात थी। कमांड अधिकारी, यानी सी.ओ. होने के नाते मैं एल.ओ.सी., यानी नियंत्रण रेखा पर स्थित अपनी सभी चौकियों पर जाया करता था और कभी-कभी वहाँ कुछ दिनों के लिए रुकता भी था। मेरी बटालियन का बेस मंडी के नजदीक एक छोटे से गाँव के समीप स्थित था और मैं ज्यादातर वहीं ठहरता था। मंडी एक छोटा सा कस्बा था। कश्मीर घाटी की ओर उत्तर की तरफ बढ़ने पर पीर पंजाल रेंज पर चढ़ने से पहले ही यह मंडी नगर पड़ता है। वह गाँव हमारे कैंप से बिल्कुल सटा हुआ था। जम्मू व कश्मीर के स्थानीय लोग ज्यादातर अपना घर सेना के कैंप के आसपास ही बनाते हैं, क्योंकि इसकी वजह से वे आतंकवादियों से सुरक्षित रह सकते हैं।

गाँव में एक महिला अपनी तीन वयस्क बेटियों के साथ रहती थी। मुझे बताया गया कि उस महिला के पति ने उसे छोड़ दिया था और वह घर से भागकर कहीं साधु बन गया था। आय का कोई स्रोत न होने के कारण मजबूरीवश वह महिला और उसकी बेटियाँ सेक्स वर्कर के रूप में काम करने लगीं और उनके ग्राहकों में सेना के कुछ जवान भी शामिल थे। ये ऐसे सैनिक थे, जो लंबे समय से अपने परिवारों से दूर रह रहे थे।

मेरी बटालियन की तैनाती उस इलाके में नई-नई हुई थी। जब मैंने चार्ज सँभाला तो हमसे पहलेवाली बटालियन से मुझे पता चला

कि उन महिलाओं की वेश्यावृत्ति बटालियन में कई अनुशासनात्मक समस्याओं की भी एक बड़ी वजह थी। मुझसे पहले जो सी.ओ. महोदय उस बटालियन का चार्ज सँभाल रहे थे, वे कुछ राशन और पैसे देकर उन महिलाओं की मदद किया करते थे। इसके बावजूद उन महिलाओं का अकसर शोषण होता रहता था। उनके चक्कर में कभी-कभी कुछ उपद्रवी सैनिक शराब पीकर बवाल भी खड़ा करते थे।

जब मेरी यूनिट ने वहाँ का चार्ज सँभाला तो मैंने इस मामले में अनुशासन को लेकर बिल्कुल सख्त रवैया अपनाया। लेकिन मेरा यह प्रयास बहुत कारगर साबित नहीं हुआ। कुछ महीनों बाद मुझे पता चला कि मेरी इतनी कोशिश के बावजूद कुछ सैनिक ऐसे थे, जो अभी भी उस महिला के घर आते-जाते थे। इसको लेकर कुछ झगड़े भी हुए। जो भी सैनिक इस मामले में पकड़े जाते थे, मैं उन्हें सजा जरूर देता था, ताकि बाकी के सैनिकों को इससे सीख मिल जाए। लेकिन इसका कोई खास असर नहीं हुआ। मेरी बटालियन की अनुशासन व्यवस्था धीरे-धीरे बिगड़ने लगी और इसका बुरा असर बटालियन के मनोबल पर भी पड़ रहा था।

जब मेरी यूनिट ने वहाँ का चार्ज सँभाला तो मैंने इस मामले में अनुशासन को लेकर बिल्कुल सख्त रवैया अपनाया। लेकिन मेरा यह प्रयास बहुत कारगर साबित नहीं हुआ। कुछ महीनों बाद मुझे पता चला कि मेरी इतनी कोशिश के बावजूद भी कुछ सैनिक ऐसे थे, जो अभी भी उस महिला के घर आते-जाते थे।

मैंने तय किया कि उस महिला से सीधे आमने-सामने बात करके इस मुद्दे को निपटाया जाए। इसलिए मैंने सूबेदार मेजर से कहकर उस महिला को ऑफिस बुलवा लिया। जब वह महिला ऑफिस आई तो

मैंने उससे पूछा, "सिर्फ पैसे के लिए तुम अपनी तीन-तीन बेटियों की जिंदगी खराब क्यों कर रही हो? छोटा सा गाँव है तुम्हारा। सारे लोग एक-दूसरे को जानते हैं। क्या कभी तुमने सोचा है कि लोग तुम्हारे बारे में क्या कहते हैं?"

इस बात का उसने बड़ा ही सीधा और सपाट-सा जवाब दिया, "सर, कौन सी माँ अपनी बेटियों की जिंदगी इस तरह से बरबाद करना चाहती है? मजबूरी ही सबकुछ करवाती है। मेरे पास आय का कोई स्रोत नहीं है। पाँच-पाँच लोगों को पालना पड़ता है (उसकी एक चौथी बेटी थी, जो आठ या नौ साल की थी) और मेरी बड़ी बेटी को उसके ससुरालवालों ने घर से निकाल दिया है।

"और, सी.ओ. साहब, आप कह रहे हैं कि गाँववाले क्या सोचते होंगे। जब मेरे पति ने मुझे छोड़ दिया था और मुझे मदद की जरूरत थी, तब इस गाँव ने मेरी कोई मदद नहीं की। मदद के नाम पर इस गाँव के लोगों ने मेरा शोषण किया और अब मेरी बेटियों का भी शोषण कर रहे हैं। यहाँ तक कि उनकी पत्नियाँ भी जानती हैं कि वे लोग क्या कर रहे हैं।"

सी.ओ. साहब, आप कह रहे हैं कि गाँववाले क्या सोचते होंगे। जब मेरे पति ने मुझे छोड़ दिया था और मुझे मदद की जरूरत थी, तब इस गाँव ने मेरी कोई मदद नहीं की। मदद के नाम पर इस गाँव के लोगों ने मेरा शोषण किया और अब मेरी बेटियों का भी शोषण कर रहे हैं।

वह बड़ी दृढ़ता के साथ अपनी बात कहती जा रही थी। जिस तरह से वह अपनी बात कह रही थी, उससे मुझे साफ तौर पर नजर आ रहा था कि वह झूठ नहीं बोल रही थी। मैंने कहा, "तुम्हारी जो भी जरूरतें हैं, अगर मैं उनका बंदोबस्त कर दूँ तो क्या तुम यह सब छोड़ दोगी?"

उसने कहा, "सी.ओ. साहब, आज तो आप अभी के लिए हमारी व्यवस्था कर देंगे, लेकिन जब आप चले जाएँगे, तब मेरा क्या होगा? मैं तो लौटकर फिर वहीं आ जाऊँगी, जहाँ मैं पहले थी।" उसके सामने मेरे तर्क कमजोर पड़ रहे थे। सूबेदार मेजर रोमेश चंदर और रेजिमेंटल पुलिस (आर.पी.) हवलदार सुरजीत सिंह भी हमारी बात सुन रहे थे। ये वही लोग थे, जो उस महिला को मेरे ऑफिस लेकर आए थे। मैंने उन दोनों लोगों को अपने पास इसलिए खड़ा कर रखा था, ताकि यहाँ से निकलने के बाद अगर वह महिला मेरे ऊपर कुछ आरोप लगाए तो ये लोग गवाह के तौर पर काम आएँगे।

उसने कहा, "सी.ओ. साहब, आज तो आप अभी के लिए हमारी व्यवस्था कर देंगे, लेकिन जब आप चले जाएँगे, तब मेरा क्या होगा? मैं तो लौटकर फिर वहीं आ जाऊँगी, जहाँ मैं पहले थी।" उसके सामने मेरे तर्क कमजोर पड़ रहे थे। सूबेदार मेजर रोमेश चंदर और रेजिमेंटल पुलिस (आर.पी.) हवलदार सुरजीत सिंह भी हमारी बात सुन रहे थे।

दरअसल, उस वक्त वहाँ ऑफिस के इलाके में क्लर्क, कुक, सैनिक और तमाम दूसरे लोग भी मौजूद थे, जिनके मन में यह उत्सुकता रही होगी कि आखिर उनके सी.ओ. और सिमरन (परिवर्तित नाम) के बीच क्या चल रहा है! मानो सबके कान इधर लगे हों। मैंने सिमरन को तमाम दूसरे तर्कों से समझाने की कोशिश की, लेकिन बात नहीं बनी। उसने कहा कि जब आधी रात को कोई उसके दरवाजे पीटने लगता है, तब कोई गाँववाला या पड़ोसी उनकी मदद के लिए नहीं आता है। उसके पड़ोसी तो केवल शोषण करते हैं या फिर गालियाँ देते हैं; और उनका यह व्यवहार ऐसे ही चलता रहेगा।

छोटे से गाँव में अकेली रहनेवाली एक महिला का हमेशा शोषण ही होगा। सिमरन के इन सभी तर्कों को सुनकर मैंने उससे अनायास ही पूछ लिया, "अगर मैं तुम्हारी बड़ी बेटी को फिर से उसकी ससुराल भिजवा दूँ तो तुम क्या करोगी?"

"सी.ओ. साहब, रोज त्वाडे पैर धो के पियांगी।" उसने पंजाबी में जवाब दिया। दरअसल, हम लोगों के बीच सारी बातें पंजाबी में ही हो रही थीं और उसने अभी जो कहा था, उसका मतलब होता है—'मैं रोज आपके पैर धोकर पिऊँगी।' कृतज्ञता की इससे बड़ी अभिव्यक्ति और क्या हो सकती है!

सिमरन जिस रूढ़िवादी ग्रामीण समाज में रह रही थी, वहाँ उसे दोहरे कलंक का दंश झेलना पड़ता था। एक तरफ वह घर की अकेली महिला और माँ थी, जिसकी सुरक्षा के लिए घर में कोई पुरुष नहीं था, तो दूसरी तरफ उसकी बेटी के ससुरालवालों ने बेटी को घर से सिर्फ इसलिए निकाल दिया था कि वह दहेज की तय शर्तों को पूरा नहीं कर पाई थी। मैंने बिना सोचे-समझे ही बोल दिया था कि मैं उसकी बेटी को उसकी ससुराल वापस भिजवा दूँगा। लेकिन यह होगा कैसे, इसके बारे में मुझे उस वक्त कोई अंदाजा नहीं था। लेकिन जब मैंने उससे इस बात का वादा किया तो वह काफी नरम पड़ गई थी और मैं

सिमरन जिस रूढ़िवादी ग्रामीण समाज में रह रही थी, वहाँ उसे दोहरे कलंक का दंश झेलना पड़ता था। एक तरफ वह घर की अकेली महिला और माँ थी, जिसकी सुरक्षा के लिए घर में कोई पुरुष नहीं था, तो दूसरी तरफ उसकी बेटी के ससुरालवालों ने बेटी को घर से सिर्फ इसलिए निकाल दिया था कि वह दहेज की तय शर्तों को पूरा नहीं कर पाई थी।

उस अवसर को खोना नहीं चाहता था। इसलिए, मैंने अपना तर्क जारी रखा—"क्या तुम चाहती हो कि तुम्हारी आठ साल की बच्ची का उसके पढ़ने-खेलने की उम्र में शोषण हो? तुम उसे उसकी उम्र से पहले ही औरत बना दोगी।" ये बातें उसके दिल को छू गईं। उसकी सबसे छोटी बच्ची अभी स्कूल में पढ़ रही थी।

सिमरन से किए गए वादे को पूरा करने के लिए मैंने उससे थोड़ा वक्त माँगा; लेकिन साथ ही मैंने उसे हिदायत दी कि इस दौरान वह अपने दरवाजे मजबूती से बंद रखे। मैंने उसे आश्वासन दिया कि तब तक के लिए हम लोग उसे कुछ राशन और पैसा मुहैया करा देंगे। साथ ही, मैंने अपनी यूनिट के सभी सैनिकों और गाँववालों को ताकीद की कि अब कोई सिमरन के घर न जाए। मैंने इस बारे में सैनिकों और गाँववालों को न केवल बताया, बल्कि एक सी.ओ. के रूप में अच्छे काम की खातिर आनेवाले कुछ दिनों के लिए इस फैसले को पूरी तरह लागू भी करवाया। चूँकि मैं जम्मू व कश्मीर लाइट इन्फैंट्री (JAK LI) रेजीमेंट से था, इसलिए मेरी पलटन के सभी सैनिक भी जम्मू व कश्मीर से ही थे। मैंने पता लगाया तो हमारी बटालियन में उस महिला की बेटी के पति के कुछ रिश्तेदार मिल गए। हमने उन रिश्तेदारों की मदद से उस लड़की

सिमरन से किए गए वादे को पूरा करने के लिए मैंने उससे थोड़ा वक्त माँगा; लेकिन साथ ही मैंने उसे हिदायत दी कि इस दौरान वह अपने दरवाजे मजबूती से बंद रखे। मैंने उसे आश्वासन दिया कि तब तक के लिए हम लोग उसे कुछ राशन और पैसा मुहैया करा देंगे। साथ ही, मैंने अपनी यूनिट के सभी सैनिकों और गाँववालों को ताकीद की कि अब कोई सिमरन के घर न जाए।

और उसके ससुरालवालों के बीच के मामले को सुलझाने के लिए हर तरह की कोशिश कर डाली।

सौभाग्य से, हम इस मामले को सुलझाने में कामयाब हो गए। इस सफलता का अधिकांश श्रेय सूबेदार मेजर रोमेश चंदर को जाता है। वे एक परिपक्व जे.सी.ओ. और शानदार मध्यस्थ थे। लड़की के ससुरालवाले दहेज न लें, इसके लिए उन्होंने लड़की के पति को बहुत समझाया। ग्रामीण इलाके में किसी को दहेज न लेने के लिए राजी करना काफी मुश्किल काम था। लेकिन उस गाँव से हमारी बटालियन में सेवारत और सेवानिवृत्त दोनों प्रकार के सैनिक मौजूद थे। उनकी वजह से हमें काफी मदद मिली। जब उसकी बेटी अपनी ससुराल में पति के साथ रहने के लिए वापस गई तो सिमरन की खुशी का ठिकाना न था। अपनी आँखों में आँसू लिये वह मुझे 'धन्यवाद' कहने के लिए आई। उसके बाद मैंने उसके सामने एक और प्रस्ताव रखा। मैंने उससे पूछा कि क्या वह हमारी यूनिट के मेन गेट पर तैनात होनेवाली एक विशेष पुलिस अधिकारी (SPO—Special Police Officer) बनना चाहेगी? वह गेट मंडी कस्बे के लिए भी एक मुख्य रास्ता था। हमें गेट से गुजरनेवाली महिलाओं की जाँच के लिए एक महिला अधिकारी की जरूरत थी।

हम इस मामले को सुलझाने में कामयाब हो गए। इस सफलता का अधिकांश श्रेय सूबेदार मेजर रोमेश चंदर को जाता है। वे एक परिपक्व जे.सी.ओ. और शानदार मध्यस्थ थे। लड़की के ससुरालवाले दहेज न लें, इसके लिए उन्होंने लड़की के पति को बहुत समझाया। ग्रामीण इलाके में किसी को दहेज न लेने के लिए राजी करना काफी मुश्किल काम था।

इस बारे में मैंने वहाँ के पुलिस अधीक्षक से बातचीत करके एक अतिरिक्त वैकेंसी की व्यवस्था करवाई। हमें अतिरिक्त वैकेंसी की व्यवस्था इसलिए करवानी पड़ी, क्योंकि हमारी यूनिट में जिस महिला कांस्टेबल की ड्यूटी लगाई गई थी, वह काफी अनियमित तरीके से ड्यूटी कर रही थी। सिमरन प्रसन्नता और कृतज्ञता से इतनी अभिभूत थी कि उसे कुछ समझ नहीं आ रहा था कि क्या कहे। जब मैंने उसे बताया कि अब उसका शोषण नहीं होगा, बल्कि वह कानून व्यवस्था बनाए रखने में प्रशासन की मदद करने वाली है, तो वह अवाक् रह गई। वह एक जुझारू व मजबूत महिला थी और खाकी वरदी में पूरी तरह एक पुलिसवाली लगती थी। असभ्य ग्राहकों और शत्रुतापूर्ण व्यवहार रखनेवाले पड़ोसियों से निपटने के उसके अपने अनुभव ने उसे इतना सक्षम बना दिया था कि वह अलग-अलग तरह के लोगों और अशिष्ट व्यवहार करनेवालों से अच्छी तरह निपट सकती थी। उसकी परिस्थितियों को मद्देनजर रखते हुए उसकी वफादारी भी शक से परे थी। संक्षेप में कहें तो गेट पर तैनाती के लिहाज से वह एक बेहद योग्य महिला कांस्टेबल थी।

इस बारे में मैंने वहाँ के पुलिस अधीक्षक से बातचीत करके एक अतिरिक्त वैकेंसी की व्यवस्था करवाई। हमें अतिरिक्त वैकेंसी की व्यवस्था इसलिए करवानी पड़ी, क्योंकि हमारी यूनिट में जिस महिला कांस्टेबल की ड्यूटी लगाई गई थी, वह काफी अनियमित तरीके से ड्यूटी कर रही थी।

मैं तीन साल तक वहाँ बतौर सी.ओ. तैनात रहा। जब मेरा कार्यकाल वहाँ खत्म हुआ, उस वक्त तक सिमरन की दूसरी बेटी की भी शादी हो चुकी थी। उस शादी में हमारी पलटन ने मदद भी की थी। उसके बाद

हमारी पलटन की तैनाती जम्मू के नजदीक दमाना में हो गई। मैंने अपनी यूनिट के सैनिकों की मदद से बात करके सिमरन की तैनाती और रिहाइश भी अपनी पलटन के नजदीक ही करवा दी थी। मुझे इस बात को लेकर काफी संतोष है कि भारतीय सेना ने एक महिला और उसकी चार बेटियों के जीवन में एक सकारात्मक बदलाव ला दिया था।

□

सिमरन जिस रूढ़िवादी ग्रामीण समाज में रह रही थी,
वहाँ उसे दोहरे कलंक का दंश झेलना पड़ता था।
एक तरफ वह घर की अकेली महिला और माँ थी,
जिसकी सुरक्षा के लिए घर में कोई पुरुष नहीं था,
तो दूसरी तरफ उसकी बेटी के ससुरालवालों ने बेटी को
घर से सिर्फ इसलिए निकाल दिया था कि वह दहेज की
तय शर्तों को पूरा नहीं कर पाई थी।

7

यदि जिंदा पहुँचे तो जिंदा रहोगे

जिंदा पहुँचे तो जिंदा रहोगे!

एक अस्पताल के लिए इससे शानदार आदर्श वाक्य (मोटो) और क्या हो सकता है ? यह कोई मार्केटिंग टैग नहीं है; बल्कि जो भी इस अस्पताल में कभी भी आया होगा, उससे आपको यह सुनने को मिलेगा। मेरे लिए यह भारत का सबसे बेहतरीन चिकित्सा संस्थान है। कहाँ है यह ? इसका नाम क्या है ? मुझे पूरा यकीन है कि आप लोग ये सारी बातें जानना चाहेंगे। आगे पढ़िए···

एक आम अस्पताल में ज्यादातर जीवन-शैली से जुड़ी बीमारियोंवाले मरीज आते हैं; लेकिन मैं जिस अस्पताल की बात कर रहा हूँ, वहाँ जीवन-शैली से जुड़ी बीमारियों से ज्यादा ट्रामा वाले मामले आते हैं। हालाँकि, ट्रामा के ज्यादातर मामले सड़क दुर्घटनाओं या फिर जलने आदि के होते हैं, लेकिन इस अस्पताल में ऐसे मरीज आते हैं, जो बंदूक की गोली, ग्रेनेड एवं बारूदी सुरंगों के विस्फोट और रॉकेट व तोप की किरच आदि के शिकार हुए रहते हैं। मधुमेह या दिल के दौरे के मामले यहाँ बहुत कम ही आते हैं। यहाँ तो हाइपोथर्मिया, उच्च ऊँचाईवाले फुफ्फुसीय एडिमा, शीत-दंश और बिवाईवाले मामले ज्यादा देखने को मिलते हैं। कभी आप इन अस्पतालों के बरामदों से गुजरें तो शायद कोई डॉक्टर आपको यह कहता हुआ सुनाई पड़ जाए, “बधाई हो, आपका केवल एक ही पैर काटा है, बस।”

कश्मीर के श्रीनगर में बादामीबाग छावनी में आर्मी बेस अस्पताल में आपका स्वागत है। आजादी के बाद से अब तक पाकिस्तान के पास नियंत्रण रेखा पर हमारे कई सैनिक ड्यूटी कर चुके हैं और इन सभी सैनिकों के लिए उपर्युक्त (ऊपर जिन बीमारियों व जोखिमों का जिक्र किया गया है) खतरों और बीमारियों से दो-चार होना व्यावसायिक खतरे के अंतर्गत आता है। अफसोस की बात है कि आतंकवाद बढ़ने की वजंह से पिछले तीन से ज्यादा दशकों के दौरान एल.ओ.सी. और कश्मीर घाटी में हिंसा काफी बढ़ गई है। इसकी वजह से समय के साथ बेस अस्पताल का महत्त्व और इसकी व्यस्तता पहले से कहीं अधिक बढ़ गई है।

अस्पताल के सामने चुनौतियाँ बढ़ चुकी हैं। कश्मीर में तैनात हर सैनिक को मालूम है कि अगर वह इस अस्पताल में जिंदा पहुँच गया तो बच जाएगा। इससे पता चलता है कि इस अस्पताल की चिकित्सा व्यवस्था कितनी अच्छी है और इसके डॉक्टर्स व कर्मचारी कितने समर्पित हैं।

अस्पताल के सामने चुनौतियाँ बढ़ चुकी हैं। कश्मीर में तैनात हर सैनिक को मालूम है कि अगर वह इस अस्पताल में जिंदा पहुँच गया तो बच जाएगा। इससे पता चलता है कि इस अस्पताल की चिकित्सा व्यवस्था कितनी अच्छी है और इसके डॉक्टर्स व कर्मचारी कितने समर्पित हैं। इस तरह की प्रतिष्ठा लगातार बनाए रखना काफी मुश्किल होता है। लेकिन जिन लोगों की तैनाती इस अस्पताल में होती है, वे यहाँ के माहौल से इतने प्रभावित और प्रेरित हो जाते हैं कि खुद-ब-खुद अच्छे काम के लिए समर्पित हो जाते हैं। इस अस्पताल की चिकित्सा व्यवस्था और इसके नियम-कानून दिन-ब-दिन बेहतर हुए हैं। यहाँ यह बताना जरूरी है कि

इन चिकित्सा योद्धाओं की 'युद्ध प्रक्रिया' कैसे शुरू होती है।

जैसे ही कोई हेलीकॉप्टर किसी हताहत व्यक्ति को लेकर एक्शन एरिया से उड़ान भरता है तो अस्पताल में सायरन बजने लगता है। तुरंत सारा स्टाफ—डॉक्टर, सर्जन, एनेस्थेटिस्ट, नर्स, नर्सिंग सहायक, वार्ड स्टाफ, सहायक कर्मचारी—इलाज करनेवाली जगह की ओर भागते हैं। बेस अस्पताल किसी एक बड़ी इमारत में नहीं है। दरअसल, यह अस्पताल पहाड़ी इलाकों में ऊपर-नीचे कई छोटी-बड़ी इमारतों में फैला हुआ है। एक बिल्डिंग से दूसरी बिल्डिंग में जाने के लिए ढलानवाली पगडंडी से जाना ज्यादा आसान होता है; जबकि यदि आप लंबेवाले रास्ते से कार से भी जाएँ तो उसमें ज्यादा वक्त लगता है।

चूँकि यह अस्पताल एक ऑपरेशनल जोन में स्थित है, ऐसे में अस्पताल के कर्मचारियों के पास हमेशा क्षमता से अधिक काम होता है। इसके बावजूद वे लोग हमेशा विषम समय पर भी ड्यूटी करने के लिए तैयार रहते हैं। यहाँ तक कि उनके आवासीय भवन भी अस्पताल यूनिट के ठीक बगल में बनाए गए होते हैं। अतिरिक्त कार्यभार और थका डालनेवाले समय तक काम करने के बावजूद अस्पताल के वे कर्मचारी अपने सभी रोगियों के साथ बहुत ही दयालुतापूर्ण और धैर्यपूर्ण व्यवहार करते हैं। वर्ष 2016 की गरमियों में, जब हमने सभी शीर्ष आतंकवादियों,

यह अस्पताल एक ऑपरेशनल जोन में स्थित है, ऐसे में अस्पताल के कर्मचारियों के पास हमेशा क्षमता से अधिक काम होता है। इसके बावजूद वे लोग हमेशा विषम समय पर भी ड्यूटी करने के लिए तैयार रहते हैं। यहाँ तक कि उनके आवासीय भवन भी अस्पताल यूनिट के ठीक बगल में बनाए गए होते हैं।

विशेष रूप से बुरहान वानी, को मार गिराया था तो घाटी में तनाव काफी बढ़ गया था। हर दिन बड़े पैमाने पर विरोध-प्रदर्शन और पथराव हो रहे थे। हमारी जितनी क्षमता थी, उससे कहीं ज्यादा जवान घायल हो रहे थे और हमें एक अतिरिक्त अस्थायी ऑपरेशन थिएटर बनाने की जरूरत पड़ी थी। साथ ही, इस अस्पताल की प्रतिष्ठा इतनी अच्छी थी कि पुलिस और केंद्रीय रिजर्व पुलिस बल (सी.आर.पी.एफ.) के घायल जवान भी यहीं इलाज कराना चाहते थे। इसकी वजह से अस्पताल में मरीजों की संख्या काफी बढ़ गई थी। इन परिस्थितियों में डॉक्टर्स और पैरामेडिकल स्टाफ ने स्वेच्छा से प्रसन्नतापूर्वक चौबीसों घंटे काम किया था।

एक बार भारतीय वायु सेना के एक स्क्वाड्रन लीडर उस अस्पताल में आए। उन्होंने बताया कि वे एक सर्जन हैं और अपने परिवार के साथ गुलमर्ग में छुट्टियाँ बिताने आए हैं। जब उन्हें उनके एक सहपाठी से पता चला कि अस्पताल पर इस समय काफी दबाव है तो ऐसे में वे खुद ही स्वेच्छा से सेवा देने चले आए।

एक बार भारतीय वायु सेना के एक स्क्वाड्रन लीडर उस अस्पताल में आए। उन्होंने बताया कि वे एक सर्जन हैं और अपने परिवार के साथ गुलमर्ग में छुट्टियाँ बिताने आए हैं। जब उन्हें उनके एक सहपाठी से पता चला कि अस्पताल पर इस समय काफी दबाव है तो ऐसे में वे खुद ही स्वेच्छा से सेवा देने चले आए। उनके पास अच्छा-खासा वैतनिक अवकाश था, इसके बावजूद उन्होंने अस्पताल में तीन दिनों तक काम किया और कई सर्जरियों में काफी मदद की। अपनी छुट्टी का एक बड़ा हिस्सा उन्होंने अपने परिवार के बजाय मरीजों के साथ-साथ ऑपरेशन थिएटर में बिताया।

उस वक्त हमने एक एडवांस्ड लैंडिंग हेलीकॉप्टर (ए.एल.एच.) को ही एक अस्थायी एंबुलेंस में बदल दिया। इसलिए जब कभी आतंकियों के साथ कोई मुठभेड़ होती या फिर एल.ओ.सी. या संवेदनशील इलाके में कोई ऑपरेशन शुरू होता तो हम लोग हेलीकॉप्टर को बुनियादी चिकित्सा उपकरणों, दवाओं और अन्य आवश्यक सामग्रियों से लैस कर देते थे और साथ में पैरामेडिकल स्टाफ को भी तैनात कर देते थे। अब जैसे ही कोई घायल जवान बचाव हेलीपैड तक पहुँचता था, उसका इलाज वहीं से शुरू हो जाता था। सही समय पर इलाज मिल जाने से कइयों की जान बच जाती है और इस तरीके से हम लोगों ने कई घायल सैनिकों की जानें बचाई थीं। हालाँकि इसके विपरीत, मेरे शुरुआती दिनों में किसी भी घायल जवान को केवल दिन की रोशनी में ही हेलीकॉप्टर द्वारा बेस अस्पताल तक लाया जा सकता था। घायल जवान को ऑपरेशन एरिया में पूरी रात इंतजार करना पड़ता था, क्योंकि ज्यादातर ऑपरेशन रात में ही संचालित किए जाते थे। कभी-कभी तो मौसम खराब होने की वजह से यह इंतजार और बढ़ जाता था।

सही समय पर इलाज मिल जाने से कइयों की जान बच जाती है और इस तरीके से हम लोगों ने कई घायल सैनिकों की जानें बचाई थीं। हालाँकि इसके विपरीत, मेरे शुरुआती दिनों में किसी भी घायल जवान को केवल दिन की रोशनी में ही हेलीकॉप्टर द्वारा बेस अस्पताल तक लाया जा सकता था।

कई बार ऐसा होता था कि हमें पैदल ही घायल जवान को ऊँचाई से नीचे लाना होता था। हम लोग उस घायल जवान को स्ट्रेचर पर लादकर बर्फीले और जंगली रास्तों से होते हुए घंटों पैदल चलकर बड़ी

मुश्किल से सड़क तक पहुँचते थे और फिर, उसके बाद घायल जवान को एंबुलेंस तक पहुँचाना मुमकिन हो पाता था।

वर्ष 2016 में ए.एल.एच. मार्क-II हेलीकॉप्टर को सेना में सहायतार्थ शामिल किया गया। आधुनिक उपकरणों के चलते यह हेलीकॉप्टर रात में भी उड़ान भरने की क्षमता रखता था। इस हेलीकॉप्टर के आ जाने से अब घायलों को 24×7 ऑपरेशन एरिया से अस्पताल तक पहुँचाया जा सकता है। यह सैनिकों के लिए एक वरदान जैसा था, जो कि पहले नहीं था। हालाँकि, इसका मतलब यह भी था कि अब चिकित्सा योद्धाओं को 24×7 काम करना पड़ रहा था; लेकिन उन्हें जरा सी भी शिकायत न थी। उन्हें तो बल्कि इस बात की खुशी थी कि अब वे ज्यादा-से-ज्यादा घायल सैनिकों को बचा पा रहे थे। मुझे याद है कि जब किसी दिन एक से ज्यादा सैन्य अभियान चलाए जा रहे होते थे तो अस्पताल के कर्मचारी इस बात का अंदाजा लगा लेते थे कि आज घायलों की संख्या ज्यादा होने वाली है। ऐसे में, वे अपने डॉक्टर्स और पैरामेडिकल स्टाफ को दिन की शुरुआत में ही अवकाश दे देते थे, ताकि बाकी के दिन या रात में वे लगातार काम कर सकें और जब घायल सैनिकों को अस्पताल लाया जाए तो उन्हें तुरंत इलाज मिल सके।

वर्ष 2016 में ए.एल.एच. मार्क-II हेलीकॉप्टर को सेना में सहायतार्थ शामिल किया गया। आधुनिक उपकरणों के चलते यह हेलीकॉप्टर रात में भी उड़ान भरने की क्षमता रखता था। इस हेलीकॉप्टर के आ जाने से अब घायलों को 24×7 ऑपरेशन एरिया से अस्पताल तक पहुँचाया जा सकता है।

एक बार एक खास हिंसक सैन्य अभियान के बाद मैं घायल सैनिकों से मिलने के लिए हेलीपैड पर गया। वहाँ घायलों की स्ट्रेचर

को हेलीकॉप्टर से निकालकर एंबुलेंस में रखा जा रहा था। तभी मेरी नजर एक घायल जवान पर पड़ी, जो कुछ बड़बड़ा रहा था। मैंने उस जवान के कंधे पर हाथ रखकर कहा, "हिम्मत रखना बेटा, सब ठीक हो जाएगा।" उसके शरीर में कई गोलियाँ लगी थीं और काफी खून बह रहा था। उसका शरीर काफी कमजोर हो चुका था। लेकिन वह होश में था। मेरे आश्वासन देने पर उसने कहा, "अब कोई डर नहीं रहा, साहब। मैं तो यहाँ जिंदा पहुँच गया। अब तो जीऊँगा भी और फिर से लड़ूँगा भी!"

उसके जवाब से मैं अभिभूत था, 'किस तरह की भावनाएँ हैं इस जवान की! कितना जोश है इसके अंदर!'

उन मरीज सैनिकों और अस्पताल के योद्धाओं दोनों के जोश को मेरा सैल्यूट!

□

अस्पताल में ज्यादातर जीवन-शैली से जुड़ी बीमारियोंवाले मरीज आते हैं। इस अस्पताल में डायबिटीज और हृदय रोग के मामले बहुत कम ही आते हैं। यहाँ ऐसे मरीज आते हैं, जो बंदूक की गोली, ग्रेनेड एवं बारूदी सुरंगों के विस्फोट और रॉकेट व तोप की किरचों आदि के शिकार हुए रहते हैं। यहाँ तो हाइपोथर्मिया, उच्च ऊँचाईवाले फुफ्फुसीय एडिमा, शीत-दंश और बिवाईवाले मामले ज्यादा देखने को मिलते हैं।

8

फोन की अहमियत

जब मैं जम्मू व कश्मीर में एल.ओ.सी. पर अपनी बटालियन की कमान सँभाल रहा था। उस वक्त मेरा परिवार जम्मू में था। भारतीय सेना में, जब किसी जवान की पोस्टिंग किसी ऐसी जगह होती है, जहाँ पर उसके परिवार को ठहरने की इजाजत नहीं होती है तो ऐसे में उस जवान का परिवार अपनी पसंद के सैन्य स्टेशन पर ठहर सकता है। इसे पृथक् पारिवारिक आवासीय परिसर (सेपरेटेड फैमिली एकोमोडेशन) कहा जाता है। मुझे भी जम्मू में भटिंडी के पास बाईपास रोड पर सुंजुवान छावनी में एक घर आवंटित किया गया था।

बारह घरों को पृथक् पारिवारिक आवासीय परिसर (सेपरेटेड फैमिली एकोमोडेशन) के तौर पर चिह्नित किया गया था। मेरा घर सबसे कोने में था, जिसके सामने आम का एक बड़ा पेड़ था। वे सभी अधिकारी, जिनका परिवार इस लाइन में रह रहा था, उनकी तैनाती जम्मू व कश्मीर के विभिन्न हिस्सों में थी। उनमें से ज्यादातर पोस्टिंग ऐसी थी, जहाँ पर परिवार के साथ नहीं रह सकते थे, क्योंकि वहाँ हालात महफूज नहीं थे।

सेना के अधिकारी अपने परिवारों से बात कर पाएँ, इसके लिए उस आम के पेड़ के नीचे एक टेलीफोन बूथ लगाया गया था, जो कि उन सब परिवारों के लिए एक महत्त्वपूर्ण केंद्र-बिंदु था। इस टेलीफोन लाइन को सेना की संचार लाइनों के साथ जोड़ा गया था। इसकी वजह

से सेना के अधिकारी और उनके परिवार आपस में एक-दूसरे से बात कर सकते थे। यहाँ एक बात ध्यान देने योग्य है कि मैं 1990 के दशक की बात कर रहा हूँ, जब लोगों के पास मोबाइल फोन नहीं हुआ करते थे और यहाँ तक कि लैंडलाइन भी यदा-कदा ही देखने को मिलते थे। इसके अलावा, कॉमर्शियल लैंडलाइन के माध्यम से जम्मू व कश्मीर के ऑपरेशनल इलाकों में सेना की यूनिट से संपर्क कर पाना और भी मुश्किल था।

इन मुश्किलों को देखते हुए यह कहा जा सकता है कि वह फोन बूथ एक लाइफ लाइन की तरह था। एक बार जब मैं छुट्टी पर था और उस घर में रुका हुआ था तो मैंने देखा कि शाम को टेलीफोन बूथ के आसपास वाला वह इलाका गाँव के चौपाल जैसा हो जाता था। महिलाएँ फोन करने और फोन रिसीव करने के लिए उस टेलीफोन बूथ पर आया करती थीं।

इन मुश्किलों को देखते हुए यह कहा जा सकता है कि वह फोन बूथ एक लाइफ लाइन की तरह था। एक बार जब मैं छुट्टी पर था और उस घर में रुका हुआ था तो मैंने देखा कि शाम को टेलीफोन बूथ के आसपास वाला वह इलाका गाँव के चौपाल जैसा हो जाता था। महिलाएँ फोन करने और फोन रिसीव करने के लिए उस टेलीफोन बूथ पर आया करती थीं। अपनी बारी का इंतजार करते वक्त वे आपस में एक-दूसरे से बातें किया करती थीं। बच्चे अपने पिता से बात करने के इंतजार में वहाँ आसपास साइकिल चलाया करते थे या कोई और खेल खेलते थे। यह छावनी का सामाजिक चौपाल बन गया था। लेकिन यहाँ का माहौल हमेशा खुशगवार नहीं होता था। कभी-कभी फोन पर बुरी खबर भी आ जाती थी। कई बार ऐसा होता था कि एल.ओ.सी. पर आतंकियों और

दुश्मनों से मुठभेड़ के दौरान कोई सैनिक गोलीबारी में घायल हो जाता था। जब इसकी सूचना परिवारवालों को मिलती थी तो सभी का मन उदास हो जाता था। बच्चे भी चुप हो जाते थे। बिना बताए भी उन बच्चों को अंदाजा लग जाता था कि कुछ बुरा हुआ है।

हालाँकि, बुरी खबरें हमेशा नहीं आती थीं, लेकिन फिर भी, उस आम के पेड़ के इर्द-गिर्द हमेशा संदेह और रोमांच का माहौल बना रहता था। जब भी पूरे राज्य में कहीं मुठभेड़ शुरू होती, चाहे वह पुंछ में हो, राजौरी में हो या फिर डोडा में, छावनी में तुरंत सूचना आ जाती थी। न जाने कैसे परिवारों को पता चल जाता था कि कुछ हो रहा है; लेकिन चूँकि उस वक्त इतने मोबाइल फोन नहीं हुआ करते थे, इसलिए पूरी जानकारी मिलनी आसान नहीं होती थी। जब कोई फोन करके बताता था, तब जाकर सही जानकारी मिल पाती थी।

बुरी खबरें हमेशा नहीं आती थीं, लेकिन फिर भी, उस आम के पेड़ के इर्द-गिर्द हमेशा संदेह और रोमांच का माहौल बना रहता था। जब भी पूरे राज्य में कहीं मुठभेड़ शुरू होती, चाहे वह पुंछ में हो, राजौरी में हो या फिर डोडा में, छावनी में तुरंत सूचना आ जाती थी।

किसी भी मुठभेड़ या ऑपरेशन के दौरान यूनिट के बाहर से आनेवाली किसी भी फोन कॉल को रिसीव नहीं किया जाता है; यहाँ तक कि सी.ओ. को भी अपनी पत्नी की कॉल को रिसीव करने की अनुमति नहीं होती है। ऐसे में, महिलाएँ बड़ी उत्सुकता से खबरों का इंतजार करती रहती थीं। वे इस ताक में रहती थीं कि जिस जगह ऑपरेशन चल रहा है, वहाँ से कुछ सही सूचना आए और उनके पति की यूनिट उस ऑपरेशन में शामिल है या नहीं, उसके बारे में भी कुछ पता चले। यह

सस्पेंस तब तक बना रहता था, जब तक कि उन्हें पता नहीं चल जाता था कि सबकुछ ठीक-ठाक है। थोड़ी देर के लिए यह चिंता और तनाव तो हट जाता, लेकिन अगली सुबह इसके एक बार फिर से शुरू होने की संभावना बनी रहती थी।

मेरा परिवार लगभग तीन साल तक उस छावनी में रहा। फोन बूथ वाले आम के पेड़ के आसपास तीन साल और तीन महीने तक का सस्पेंस भरा वक्त गुजारना! दो दशकों बाद एक सेवानिवृत्त अधिकारी के रूप में मैं अपनी पत्नी के साथ इस क्षेत्र में गया था और हम लोग अपने उस पुराने घर में भी गए। अब वहाँ कोई फोन बूथ नहीं था। वहाँ की यूनिट ने वहाँ रह रहे अधिकारी को हमारे आने की सूचना दे दी थी और उन अधिकारी महोदय ने हमें बड़ी विनम्रतापूर्वक अंदर बुलाया। हमने वहाँ रह रहे दो और परिवारों से मुलाकात की। हमारे बीच काफी खुशनुमा बातें हुईं। इस दौरान हमने उन्हें उस टेलीफोन बूथ के बारे में भी बताया और उन्हें अपने दिल की भावनाओं को समझाने की कोशिश की कि उस वक्त इस टेलीफोन बूथ का हमारे लिए क्या मतलब हुआ करता था। हालाँकि, शायद वे लोग इस बात को समझ नहीं पाए कि मोबाइल के पहलेवाले उन दिनों में हमारे लिए यह टेलीफोन बूथ कितनी अहमियत रखता था!

मेरा परिवार लगभग तीन साल तक उस छावनी में रहा। फोन बूथ वाले आम के पेड़ के आसपास तीन साल और तीन महीने तक का सस्पेंस भरा वक्त गुजारना! दो दशकों बाद एक सेवानिवृत्त अधिकारी के रूप में मैं अपनी पत्नी के साथ इस क्षेत्र में गया था और हम लोग अपने उस पुराने घर में भी गए।

अब कम्युनिकेशन होने या कम्युनिकेशन होने में थोड़ी देरी हो जाना—इन दोनों बातों की वजह से कोई सस्पेंस नहीं रह गया है। सच कहूँ तो अब जरूरत से ज्यादा कम्युनिकेशन होने लगा है और इसकी अपनी एक अलग ही दिक्कत है, क्योंकि ज्यादातर सैनिकों के पास उनका अपना मोबाइल फोन होता है। उनके परिवारों के पास भी मोबाइल फोन हैं। ऐसे में, उन लोगों के बीच बड़ी आसानी से और तुरंत कम्युनिकेशन हो जाता है। तुरंत कम्युनिकेशन के इस दौर में अब रात-रात भर इंतजार करने की कोई बात नहीं रह गई है। जब भी किसी को कोई रोमांचित या परेशान करनेवाली सूचना हाथ लगती है, उसे वह तुरंत दूसरों से साझा करना चाहता है। हालाँकि, यह हमेशा अच्छी बात नहीं होती है।

कई बार ऐसा देखने में आया है कि जब किसी सैनिक की पत्नी का उसके ससुरालवालों के साथ कुछ मतभेद होता है तो वह धैर्य रखने के बजाय तुरंत अपना मोबाइल उठाती है और अपने पति को फोन लगा देती है; जबकि ऐसा हो सकता है कि उस वक्त उसका पति किसी महत्त्वपूर्ण मिशन पर हो और इन पारिवारिक मामलों की वजह से उसका ध्यान भटक जाए।

कई बार ऐसा देखने में आया है कि जब किसी सैनिक की पत्नी का उसके ससुरालवालों के साथ कुछ मतभेद होता है तो वह धैर्य रखने के बजाय तुरंत अपना मोबाइल उठाती है और अपने पति को फोन लगा देती है; जबकि ऐसा हो सकता है कि उस वक्त उसका पति किसी महत्त्वपूर्ण मिशन पर हो और इन पारिवारिक मामलों की वजह से उसका ध्यान भटक जाए।

यदि कोई सैनिक ड्यूटी पर है या फिर किसी ऑपरेशन में है और

इन समस्याओं व जिम्मेदारियों से निपटने के वक्त अगर उसके घर से इस तरह का फोन आ जाता है तो जाहिर है कि उसके लिए अतिरिक्त समस्याएँ पैदा हो सकती हैं। एक सैनिक, जो ऑपरेशनल एरिया में होता है और उसके हाथ में घातक हथियार है, ऐसे में उसे शांत रहने और अपना ध्यान केंद्रित करने की जरूरत होती है, न कि घरेलू कलह के बारे में तनाव लेने की।

मेरी हमेशा कोशिश रही है कि ड्यूटी के दौरान सेना के जवान अपने साथ मोबाइल न ले जाएँ। जिन जवानों के बारे में ऐसी सूचना मिलती है कि उन्होंने खुद को या अपने ही किसी साथी को नुकसान पहुँचाया है, वे ज्यादातर ऐसे लोग होते हैं, जिनके घर से कुछ तनाव भरी खबर आई रहती है।

मेरी हमेशा कोशिश रही है कि ड्यूटी के दौरान सेना के जवान अपने साथ मोबाइल न ले जाएँ। जिन जवानों के बारे में ऐसी सूचना मिलती है कि उन्होंने खुद को या अपने ही किसी साथी को नुकसान पहुँचाया है, वे ज्यादातर ऐसे लोग होते हैं, जिनके घर से कुछ तनाव भरी खबर आई रहती है। पहले भी ऐसी समस्याएँ होती थीं; लेकिन जब तक कोई इसके बारे में पत्र लिखने के लिए कलम उठाए, तब तक शायद समस्या हल हो जाती थी। कई बार ऐसे भी मामले देखने को मिले हैं कि जब कोई सैनिक एल.ओ.सी. पर गश्त कर रहा हो और अचानक उसका फोन बज उठे, ऐसे में हमारे सैनिक की सटीक पोजीशन दुश्मन को मिल जाती थी; क्योंकि अकसर हमारे जवानों को पाकिस्तानी सैनिकों के बेहद करीब से गुजरना पड़ता है।

एक बार मेरी बटालियन में एक सैनिक अपने घर से छुट्टी से लौटने के बाद बड़ा ही अजीब व्यवहार कर रहा था। मेरे सूबेदार मेजर ने मुझे

उसके बारे में बताया कि वह काफी आक्रामक और मूडी हो गया था। वह अकसर झगड़ा करने पर उतारू हो जाता था। कई बार वह अपने साथियों और यहाँ तक कि अपने सीनियर्स को भी धमका देता था। एक बार सैनिकों की ड्यूटी के आवंटन का काम चल रहा था। वह सैनिक इस आवंटन को लेकर अपने प्लाटून हवलदार के साथ तीखी बहस करने लग गया। हवलदार ने उससे बस, इतना कहा कि अगर वह (सैनिक) बदतमीजी से बात करेगा तो वह (हवलदार) उसकी रिपोर्ट कंपनी कमांडर को दे देगा। उस दिन बात इसी पर खत्म हो गई।

लेकिन उस सैनिक के अंदर का गुस्सा खत्म नहीं हुआ था। खाना खाते वक्त उसने अपने दोस्तों से कहा कि किसी दिन वह हवलदार को मार डालेगा और उसके मृत शरीर को एल.ओ.सी. के पास नाले में फेंक देगा। हवलदार की डेड बॉडी बहकर पाकिस्तान चली जाएगी और पता भी नहीं चलेगा। तमाम दूसरे मौकों पर भी उसके चिड़चिड़ेपन का अंदाजा लग रहा था। उसके ये हाव-भाव खतरनाक संकेत दे रहे थे। ऐसे में, उसके प्लाटून कमांडर को लगा कि वह दूसरों को या खुद को नुकसान पहुँचा सकता है। प्लाटून कमांडर का यह अंदाजा कुछ हद तक सही भी था, क्योंकि तमाम दूसरी यूनिट्स में पहले भी ऐसी घटनाएँ

लेकिन उस सैनिक के अंदर का गुस्सा खत्म नहीं हुआ था। खाना खाते वक्त उसने अपने दोस्तों से कहा कि किसी दिन वह हवलदार को मार डालेगा और उसके मृत शरीर को एल.ओ.सी. के पास नाले में फेंक देगा। हवलदार की डेड बॉडी बहकर पाकिस्तान चली जाएगी और पता भी नहीं चलेगा। तमाम दूसरे मौकों पर भी उसके चिड़चिड़ेपन का अंदाजा लग रहा था।

सुनने में आ चुकी थीं। कंपनी उसे बटालियन बेस में भेजना चाहती थी, जहाँ उसे ऐसी ड्यूटी दी जा सके, जिसमें हथियार की जरूरत न हो। नियम के मुताबिक, किसी भी सैनिक को वापस बटालियन बेस में ड्यूटी के लिए जाने से पहले एक बार उसे सी.ओ. से मिलना होता है। वह सैनिक भी मुझसे मिलने के लिए अया। वहाँ लगभग आठ या दस अन्य सैनिक भी थे, जो अपने सी.ओ. से मिलने के लिए इंतजार कर रहे थे। मुझसे मिलने की वजह सबके लिए अलग-अलग थी—कोई अपने ट्रेनिंग कोर्स को पूरा करने के लिए जाना चाह रहा था तो कोई छुट्टी पर जाना चाह रहा था। इनमें से ज्यादातर लोग ऐसे थे, जिन्होंने किसी-न-किसी ऑपरेशन में बेहतरीन प्रदर्शन किया था। वे सभी सैनिक मेरे ऑफिस के सामने लाइन में खड़े थे। इस व्यवस्था को 'इंटरव्यू परेड' कहा जाता है। मैं अपने ऑफिस से बाहर निकलकर उन सभी सैनिकों से एक-एक करके बात करता था।

मैंने सूबेदार मेजर को निर्देश दे रखा था कि उस सिपाही को लाइन में सबसे पीछे खड़ा किया जाए, ताकि मैं उससे सबसे आखिर में बात करूँ। जब मैंने सभी से बात कर ली, उसके बाद मैं राइफलमैन त्रिलोक सिंह (परिवर्तित नाम) के पास आया और बोला, "हाँ, त्रिलोके, क्या प्रॉब्लम है?" उसने कहा, "कुछ नहीं, साहब।"

मैंने सूबेदार मेजर को निर्देश दे रखा था कि उस सिपाही को लाइन में सबसे पीछे खड़ा किया जाए, ताकि मैं उससे सबसे आखिर में बात करूँ। जब मैंने सभी से बात कर ली, उसके बाद मैं राइफलमैन त्रिलोक सिंह (परिवर्तित नाम) के पास आया और बोला, "हाँ, त्रिलोके, क्या प्रॉब्लम है?" उसने कहा, "कुछ नहीं, साहब।"

"मुझे पता चला है कि कंपनी पोस्ट में तुम दूसरे सैनिकों को धमका रहे थे और कह रहे थे कि जो कोई तुम्हें छेड़ेगा, तुम उसे गोली मार दोगे।"

उसने धीमी आवाज में कहा, "नहीं तो।" लेकिन उसके चेहरे पर उत्तेजना और व्याकुलता साफ नजर आ रही थी। "ये सब मुझे तंग करते हैं।" वह बोला।

मैं ऊँची आवाज में चिल्लाया, "इसका मतलब तुम किसी को गोली मार दोगे? किस-किस को गोली मारोगे? सूबेदार मेजर साहब को या मुझे? या फिर और किसे मारोगे?" मैंने पास में ही खड़े एक सिपाही के हाथ से राइफल लेकर त्रिलोक सिंह के हाथों में जबरदस्ती थमा दी, "लो, मारो गोली, जिसको भी मारना चाहते हो।"

मैं ऊँची आवाज में चिल्लाया, "इसका मतलब तुम किसी को गोली मार दोगे? किस-किस को गोली मारोगे? सूबेदार मेजर साहब को या मुझे? या फिर और किसे मारोगे?" मैंने पास में ही खड़े एक सिपाही के हाथ से राइफल लेकर त्रिलोक सिंह के हाथों में जबरदस्ती थमा दी, "लो, मारो गोली, जिसको भी मारना चाहते हो।"

"चलाओ गोली!" मैंने जोर से कहा। सब लोग एकदम आश्चर्यचकित होकर चुपचाप खड़े हो गए थे। एडजुटेंट ऑफिस के सामने खड़ा मेरे क्यू.आर.टी. का एक सिपाही मेरी रक्षा के उद्देश्य से मेरे सामने आने लगा। मैंने उसे अपने सामने से हटने का इशारा दिया। परेड के अन्य सैनिक, जो वहाँ खड़े थे, यह पूरा दृश्य देखकर वे भी सशंकित हो गए थे। गलियारे में कुछ क्लर्क भी खड़े थे, जो आपस में कानाफूसी कर रहे थे। अचानक वे एकदम जड़वत् हो गए थे। सभी की

आँखें त्रिलोक पर टिकी हुई थीं और मेरी भी।

त्रिलोक को कुछ नहीं सूझ रहा था कि वह क्या करे। वह थोड़ी देर शांति से अपनी जगह पर खड़ा रहा और उसके बाद ऐसा लगा, जैसे वह राइफल को लोड करने जा रहा हो। उसे ऐसा करते देख आर.पी. हवलदार उसके हाथ से हथियार छीनने के लिए तैयार हो गए। दरअसल, मैंने आर.पी. हवलदार को पहले ही बता दिया था कि जब उन्हें लगे कि त्रिलोक गोली चलाने जा रहा है तो वह उससे पहले ही हथियार उसके हाथ से छीन लें। लेकिन अचानक त्रिलोक भावुक हो गया। उसने कहा, “गलती हो गई, सर!”

त्रिलोक को कुछ नहीं सूझ रहा था कि वह क्या करे। वह थोड़ी देर शांति से अपनी जगह पर खड़ा रहा और उसके बाद ऐसा लगा, जैसे वह राइफल को लोड करने जा रहा हो। उसे ऐसा करते देख आर.पी. हवलदार उसके हाथ से हथियार छीनने के लिए तैयार हो गए।

मैंने उसके हाथ से राइफल ले ली और बड़े प्यार से उसके कंधे पर हाथ रखकर कहा, “मैं तुम्हारे बड़े भाई की तरह हूँ। मुझे बताओ कि तुम्हें क्या परेशानी है? चलो, ऑफिस में चलकर बात करते हैं।”

त्रिलोक की आँखों में आँसू आ गए थे। बाद में उसने बताया कि उसकी पारिवारिक समस्या, आर्थिक तंगी और कंपनी हवलदार मेजर द्वारा उत्पीड़न (कथित) की वजह से वह काफी परेशान चल रहा था। जिस वक्त वह ये सारी बातें बता रहा था, उस वक्त हमारे साथ सूबेदार मेजर साहब भी उपस्थित थे। उसे लग रहा था कि कंपनी हवलदार मेजर उसे जान-बूझकर कठिन काम दे रहे हैं। हमने उसकी बात ध्यान से सुनी और उसे आश्वासन दिया। सूबेदार मेजर ने उससे कहा कि अगर जरूरत हो तो वह उसके

घरेलू मामलों को लेकर मध्यस्थता करने के लिए तैयार हैं। उस दिन जब राइफलमैन त्रिलोक सिंह मेरे ऑफिस से निकला तो उसका मन अपेक्षाकृत काफी शांत था।

उस दिन रात में, ऑफिसर्स मेस में यूनिट मेडिकल ऑफिसर ने मुझसे पूछा, "सर, चूँकि त्रिलोक सिंह की मानसिक स्थिति सही नहीं थी, अगर अचानक वह वहाँ खड़े सभी लोगों पर फायरिंग करना शुरू कर देता तो क्या होता?"

मैं मुसकराया और बोला, "तब तो उसे हथियार देने के जुर्म में निश्चित तौर पर मेरा कोर्ट मार्शल हो जाता।" वह मेडिकल ऑफिसर महोदय यह जानना चाहते थे कि सारी बातों को भलीभाँति जानने के बावजूद मैंने सबकी जान जोखिम में क्यों डाली? इस पर मैंने जवाब दिया, "जो राइफल त्रिलोक सिंह को दी गई थी, उसकी सारी गोलियाँ पहले ही निकाल दी गई थीं। जाहिर है कि मैं सभी सैनिकों की जान जोखिम में नहीं डाल सकता था।"

दरअसल, हर परिस्थिति की अपने कुछ-न-कुछ असमंजस व दिक्कतें होती हैं और उनका कोई सिखाया हुआ हल या इलाज नहीं होता। मौके के हिसाब से कुछ नया सोचना ही नेतृत्व है। मुझे भी कई बार यह सोचकर आश्चर्य होता है कि अगर त्रिलोक ने मुझ पर या वहाँ खड़े बाकी लोगों पर फायरिंग करने की कोशिश की होती तो क्या होता? वैसे तो कोई नुकसान नहीं होता, क्योंकि राइफल में गोली नहीं थी; लेकिन क्या इसके बावजूद त्रिलोक सिंह नर-संहार के प्रयास के लिए दोषी होता? आज भी मेरे पास इस बात का कोई जवाब नहीं है।

□

मेरी हमेशा कोशिश रही है कि ड्यूटी के दौरान सेना के जवान अपने साथ मोबाइल न ले जाएँ। जिन जवानों के बारे में ऐसी सूचना मिलती है कि उन्होंने खुद को या अपने ही किसी साथी को नुकसान पहुँचाया है, वे ज्यादातर ऐसे लोग होते हैं, जिनके घर से कुछ तनाव भरी खबरें आई रहती हैं। पहले भी ऐसी समस्याएँ होती थीं; लेकिन जब तक कोई इसके बारे में पत्र लिखने के लिए कलम उठाए, तब तक शायद समस्या हल हो जाती थी।

9

साँप को पकड़ना

भारतीय सेना का कमांडो कोर्स दुनिया के सबसे कठिनतम कोर्सेज में से एक है। यह प्रशिक्षण तैंतीस दिनों तक चलता है और इसमें सैनिकों को मानसिक व शारीरिक रूप से बेहद मजबूत बनाया जाता है। कोर्स के अंत में सबको ट्रेनिंग के लिए जंगल ले जाया जाता है, जहाँ सैनिक बेहद दुर्गम इलाके में रखे जाते हैं। शारीरिक और मानसिक रूप से सैनिकों को मजबूत बनाने के उद्‌देश्य से डिजाइन किए गए इस कोर्स का यह सबसे कठिन दौर माना जाता है। यह प्रशिक्षण इतना कठिन होता है कि इससे गुजरने के बाद ज्यादातर सैनिकों को यह लगने लगता है कि वे दुनिया की सबसे कठिन परिस्थितियों में भी जिंदा रह सकते हैं और जीत भी सकते हैं।

1980 के दशक की शुरुआत में, मैं बेलगाम के इन्फैंट्री स्कूल में कमांडो इंस्ट्रक्टर के रूप में तैनात था। मैं वहाँ आनेवाले विद्यार्थियों को साँपों को पकड़ने, उन्हें काटने और पकाने का तरीका सिखाता था। यह हमारी ट्रेनिंग का हिस्सा होता है। इसमें हमें यह सिखाया जाता है कि हम जंगल में कैसे जिंदा रह सकते हैं।

साँपों को पकड़ने का तरीका बड़ा ही युक्तिपूर्ण होता है। आपको साँप पकड़ने के लिए एक गुलेलनुमा डंडे की जरूरत होती है और उसकी मदद से साँप को गरदन से पकड़ना होता है, ताकि वह आपको काट न पाए। इस प्रशिक्षण के लिए ज्यादातर कोबरा साँप को पकड़कर

दिखाया जाता है। प्रदर्शन के दौरान न ही साँपों का जहर निकाला गया रहता है और न ही उन्हें कोई दवा दी जाती है। हालाँकि, कई बार ऐसा भी होता है कि दिखाने के लिए हम ऐसे साँपों का इस्तेमाल करते हैं, जो जहरीले नहीं होते, क्योंकि जहरीले साँप ज्यादा मिलते नहीं हैं। यह प्रदर्शन एन.सी.सी. कैडेट्स और आर्मी स्कूल के बच्चों के लिए भी किया जाता है। एक बार अखिल भारतीय सैन्य स्कूल शिविर का आयोजन हो रहा था, जिसमें लगभग 300 छात्र आए हुए थे। हमें उन बच्चों को यह दिखाना था कि अगर गुलेलनुमा छड़ी नहीं मिलती है तो सीधी छड़ी से साँप कैसे पकड़ा जाए।

अमूमन मैं कोबरा व वाइपर जैसे जहरीले साँपों को केवल गुलेलनुमा छड़ी की मदद से ही पकड़ता था और आमतौर पर कोई भी व्यक्ति किसी कोबरा साँप को सीधी छड़ी से पकड़ने की कोशिश नहीं करना चाहता। चूँकि यह जोखिम भरा था, इसलिए मैं सीधी छड़ी की मदद से एक रैट स्नेक पकड़कर बच्चों को दिखाने लगा।

मैं बच्चों को साँप पकड़ने का तरीका सिखा ही रहा था कि तभी उनमें से एक बच्चे ने पूछा, "सर, इस साँप में तो जहर ही नहीं है। क्या आप सीधी छड़ी की मदद से एक जहरीले साँप को पकड़ सकते हैं?"

अमूमन मैं कोबरा व वाइपर जैसे जहरीले साँपों को केवल गुलेलनुमा छड़ी की मदद से ही पकड़ता था और आमतौर पर कोई भी व्यक्ति किसी कोबरा साँप को सीधी छड़ी से पकड़ने की कोशिश नहीं करना चाहता। चूँकि यह जोखिम भरा था, इसलिए मैं सीधी छड़ी की मदद से एक रैट स्नेक पकड़कर बच्चों को दिखाने लगा। रैट स्नेक इसलिए, क्योंकि वह जहरीला नहीं होता है। हमारे ट्रेनिंग स्कूल

के नियम (SOP) के मुताबिक, मुझे भी रैट स्नेक ही पकड़ना था। लेकिन बच्चे के इस सवाल पर मैं सोचने लगा कि ये बच्चे जब देश के अलग-अलग हिस्सों में अपने स्कूल वापस जाएँगे तो आपस में बातें करेंगे कि भारतीय सेना का एक कमांडो इंस्ट्रक्टर कोबरा पकड़ने से डर गया। इसलिए मुझे यही उचित लगा कि इन बच्चों के सामने एक कोबरा पकड़कर दिखाना चाहिए और मैंने वह करके दिखाया भी। मैं कोबरा पकड़ने में कामयाब तो जरूर रहा, लेकिन वह काफी मुश्किल साबित हुआ था, क्योंकि वह नाग मेरी उम्मीद से कहीं ज्यादा फुरतीला था। मेरे इस काम पर वहाँ उपस्थित सभी बच्चों ने तालियाँ बजाईं। प्रदर्शन पूरा होने के बाद मैंने राहत की साँस ली।

अगले ही दिन मुझे अपने इस जोखिम भरे प्रदर्शन के लिए कमांडेंट से डाँट भी पड़ी थी। “अपने आप को हीरो समझते हो तुम?” कमांडेंट साहब ने कहा।

उसके ठीक पंद्रह साल बाद एक रोचक घटना घटी। मैं बतौर कमांडिंग ऑफिसर (C.O.) जम्मू व कश्मीर में एल.ओ.सी. पर अपनी बटालियन की कमान सँभाल रहा था। कई बार मेरी यूनिट की मुठभेड़ आतंकियों के साथ हुई और इन्हीं मुठभेड़ों में से एक में हमने अपने अधिकारी मेजर रोहित शर्मा को खो दिया था।

उसके ठीक पंद्रह साल बाद एक रोचक घटना घटी। मैं बतौर कमांडिंग ऑफिसर (C.O.) जम्मू व कश्मीर में एल.ओ.सी. पर अपनी बटालियन की कमान सँभाल रहा था। कई बार मेरी यूनिट की मुठभेड़ आतंकियों के साथ हुई और इन्हीं मुठभेड़ों में से एक में हमने अपने अधिकारी मेजर रोहित शर्मा को खो दिया था। मेजर रोहित शर्मा के बारे में मैं पहले ही अपनी इस पुस्तक के अध्याय दो में बता चुका हूँ। उन्हें

मरणोपरांत 'शौर्य चक्र' से सम्मानित भी किया जा चुका है। जब भारत के राष्ट्रपति द्वारा मेजर रोहित शर्मा की विधवा को यह सम्मान दिया जा रहा था तो उस वक्त मैं उनकी विधवा के साथ राष्ट्रपति भवन में एस्कॉर्ट के तौर पर गया हुआ था। मरणोपरांत सम्मान के वक्त सी.ओ. का परिवार को एस्कॉर्ट करना सेना की परंपरा है।

सर, आपने मुझे नहीं पहचाना! मैं वही छात्र हूँ, जिसने आज से पंद्रह साल पहले आपको सीधी छड़ी की मदद से कोबरा साँप पकड़ने के लिए कहा था। कई साल बाद जब मैंने लेफ्टिनेंट के रूप में कमांडो का कोर्स किया, तब जाकर मुझे एहसास हुआ कि उस वक्त मैंने आपसे कितनी बचकानी बात कही थी और आपने कितनी बहादुरी दिखाई थी!

सम्मान समारोह से एक दिन पहले इसका रिहर्सल किया जाता है। हमें भारत के राष्ट्रपति के ए.डी.सी. (Aide-de-Camp) द्वारा पुरस्कार समारोह के बारे में जानकारी दी गई। ए.डी.सी. का नाम कप्तान गोपी सिंह राठौर था और वह एक लंबे व स्मार्ट आर्मी ऑफिसर थे।

जब समारोह समाप्त हो गया तो वह अधिकारी मेरे पास आए और बोले, "सर, आपने मुझे नहीं पहचाना! मैं वही छात्र हूँ, जिसने आज से पंद्रह साल पहले आपको सीधी छड़ी की मदद से कोबरा साँप पकड़ने के लिए कहा था। कई साल बाद जब मैंने लेफ्टिनेंट के रूप में कमांडो का कोर्स किया, तब जाकर मुझे एहसास हुआ कि उस वक्त मैंने आपसे कितनी बचकानी बात कही थी और आपने कितनी बहादुरी दिखाई थी!"

उस घटना के बाद भी हम लोगों के बीच बातचीत होती रही। कुछ वर्षों बाद जब मेरी तैनाती दिल्ली में हुई तो उन्होंने मेरे परिवार समेत

मुझे राष्ट्रपति भवन में आमंत्रित किया और हमें अपने निजी अतिथि के रूप में पूरे राष्ट्रपति भवन के भव्य दर्शन कराए। यहाँ तक कि उन्होंने राष्ट्रपति भवन में हमें कुछ ऐसी जगह भी घुमाया, जहाँ आमतौर पर साधारण आगंतुकों को जाने की अनुमति नहीं होती। उन्होंने हमें सुप्रसिद्ध मुगल गार्डन भी घुमाया। उस आर्मी ऑफिसर को पौधों व फूलों के बारे में काफी ज्ञान था और उनकी इसमें गहरी रुचि थी। उनकी इस रुचि और ज्ञान से मैं बेहद प्रभावित था।

मैंने कहीं पढ़ा था कि राष्ट्रपति के.आर. नारायणन भी उनके इस ज्ञान से प्रभावित थे। वह ऑफिसर जिस तरह से राष्ट्रपति भवन में आनेवाले विदेशी गणयमान्य व्यक्तियों से गार्डन के बारे में बातचीत करता था, उसकी प्रशंसा खुद राष्ट्रपति महोदय ने की थी। सुनने में आया था कि राष्ट्रपति महोदय अकसर गोपी से कहते थे कि उन्हें एक बागबानी विशेषज्ञ बनना चाहिए था। गोपी ने ए.डी.सी. के रूप में के.आर. नारायणन के साथ चार साल तक काम किया और उसके बाद अगले राष्ट्रपति डॉ. ए.पी.जे. अब्दुल कलाम के कार्यकाल में भी वह इस पद पर बने रहे।

मैंने कहीं पढ़ा था कि राष्ट्रपति के.आर. नारायणन भी उनके इस ज्ञान से प्रभावित थे। वह ऑफिसर जिस तरह से राष्ट्रपति भवन में आनेवाले विदेशी गणयमान्य व्यक्तियों से गार्डन के बारे में बातचीत करता था, उसकी प्रशंसा खुद राष्ट्रपति महोदय ने की थी। सुनने में आया था कि राष्ट्रपति महोदय अकसर गोपी से कहते थे कि उन्हें एक बागबानी विशेषज्ञ बनना चाहिए था।

राष्ट्रपति भवन में हमारी यात्रा के दौरान गोपी ने मुझे अपनी

हालिया प्रकाशित पुस्तक भेंट की। कविताओं के संग्रहवाली उस पुस्तक का शीर्षक 'आज से पहले' है। मुझे यह जानकर बड़ा सुखद आश्चर्य हुआ कि वह सैनिक एक कवि भी था। सेना के एक जवान के भीतर एक कवि और बागबानी विशेषज्ञ होना, यह संयोजन बड़ी मुश्किल से देखने को मिलता है। काफी बाद में मुझे उनके अधिकारियों से पता चला था कि उनकी कविताओं के संग्रह को प्रधानमंत्री अटल बिहारी वाजपेयीजी ने खुद संशोधित किया था। गोपी की एक और पुस्तक प्रकाशित हुई थी, जो लघु कहानियों का एक संग्रह था और उसका शीर्षक था—'और क्या चाहिए?'

वह एक-दो बार हमारे घर भी आए थे और बड़ी ही सुगमता से पूरे परिवार के साथ घुल-मिल गए थे। मेरे दोनों बेटे (जो अभी स्कूल में पढ़ रहे थे) उस लंबे और स्मार्ट कप्तान से काफी प्रभावित थे। एक हीरो जैसा दिखनेवाले वह न केवल आकर्षक और निश्छल व्यक्ति थे, बल्कि उन्होंने भारतीय सैन्य अकादमी में 'ऑर्डर ऑफ मेरिट' में भी टॉप किया था और अपने कोर्स में गोल्ड मेडल हासिल किया था।

वह एक-दो बार हमारे घर भी आए थे और बड़ी ही सुगमता से पूरे परिवार के साथ घुल-मिल गए थे। मेरे दोनों बेटे (जो अभी स्कूल में पढ़ रहे थे) उस लंबे और स्मार्ट कप्तान से काफी प्रभावित थे। एक हीरो जैसा दिखनेवाले वह न केवल आकर्षक और निश्छल व्यक्ति थे, बल्कि उन्होंने भारतीय सैन्य अकादमी में 'ऑर्डर ऑफ मेरिट' में भी टॉप किया था और अपने कोर्स में गोल्ड मेडल हासिल किया था।

राष्ट्रपति भवन में लगभग पाँच साल तक दो राष्ट्रपतियों के ए.डी.

सी. के तौर पर काम करने के बाद वह जाँबाज ऑफिसर फिर से रणक्षेत्र में वापस आ गया। गोपी ने राष्ट्रपति कलाम से गुजारिश की कि वह कश्मीर घाटी में सर्विस करना चाहते हैं। उनकी इस सिफारिश पर उनकी पोस्टिंग जम्मू व कश्मीर के बाँदीपोरा में 14 राष्ट्रीय राइफल्स बटालियन में कर दी गई। उन्होंने अपनी बहादुरी की बानगी इतनी बार पेश की थी कि उनकी बटालियन के लोग उन्होंने 'ईगल' के नाम से जानने लगे थे।

9 नवंबर, 2005 को पूर्व राष्ट्रपति के.आर. नारायणन का निधन हो गया था। उनके निधन का समाचार सुनकर गोपी की आँखों में आँसू आ गए थे। वह उन्हें अपने पिता-तुल्य मानते थे। इतना शोकाकुल होने के बावजूद गोपी उनके दाह संस्कार में दिल्ली नहीं जा सके, क्योंकि उस वक्त उनकी यूनिट कश्मीर में एक आतंकवाद विरोधी ऑपरेशन में शामिल थी। वह युवा सैनिक काफी निराश था; लेकिन उसे यह बात भलीभाँति पता थी कि सेना के लिए सबसे पहले उसकी ड्यूटी होती है। अगले दिन, 10 नवंबर को वह बाँदीपोरा की एक इमारत में छिपे आतंकवादियों को मारने के लिए चलाए जा रहे एक ऑपरेशन को लीड कर रहे थे। ऑपरेशन के दौरान गोपी ने अत्यंत बहादुरी का प्रदर्शन किया और काफी करीब से एक आतंकवादी को मार

9 नवंबर, 2005 को पूर्व राष्ट्रपति के.आर. नारायणन का निधन हो गया था। उनके निधन का समाचार सुनकर गोपी की आँखों में आँसू आ गए थे। वह उन्हें अपने पिता-तुल्य मानते थे। इतना शोकाकुल होने के बावजूद गोपी उनके दाह संस्कार में दिल्ली नहीं जा सके, क्योंकि उस वक्त उनकी यूनिट कश्मीर में एक आतंकवाद विरोधी ऑपरेशन में शामिल थी।

गिराया। लेकिन उस मुठभेड़ में गोपी भी वीरगति को प्राप्त हो गए। पश्चिम बंगाल के तत्कालीन गवर्नर श्री गोपाल गांधी ने गोपी के निधन पर कहा था, "राष्ट्रपतिजी अपने ए.डी.सी. को अपने साथ ले गए।"

जब गोपी राष्ट्रपतिजी के ए.डी.सी. थे, उस वक्त श्री गोपाल गांधी राष्ट्रपति के सचिव हुआ करते थे। गोपी को मरणोपरांत 'शौर्य चक्र' से सम्मानित किया गया था।

ऐसे बहुत ही कम अवसर होते हैं, जब घाटी में सेना के किसी जवान की मृत्यु पर बंद घोषित किया गया हो; लेकिन गोपी की मृत्यु पर बाँदीपोरा में उनके सम्मान में बंद का ऐलान किया गया था। गोपी का स्थानीय लोगों के साथ अच्छा व्यवहार था। जो लोग सही रास्ते पर आना चाहते थे, उनके लिए गोपी का रवैया काफी सहयोगात्मक होता था।

ऐसे बहुत ही कम अवसर होते हैं, जब घाटी में सेना के किसी जवान की मृत्यु पर बंद घोषित किया गया हो; लेकिन गोपी की मृत्यु पर बाँदीपोरा में उनके सम्मान में बंद का ऐलान किया गया था। गोपी का स्थानीय लोगों के साथ अच्छा व्यवहार था। जो लोग सही रास्ते पर आना चाहते थे, उनके लिए गोपी का रवैया काफी सहयोगात्मक होता था। लेकिन आतंकवादियों से निपटने में वह जरा भी संकोच नहीं करते थे। मशहूर अभिनेत्री अनुष्का शर्मा ने गोपी के लिए अत्यंत ही मार्मिक और श्रद्धांजलि-स्वरूप कुछ लाइनें लिखी थीं, जिसका शीर्षक था—'माई हीरो फॉर लाइफ'। अनुष्का के पिता कर्नल अजय कुमार शर्मा (सेवानिवृत्त) उसी बटालियन से थे, जिस बटालियन से गोपी थे। यह उसी पत्र का एक अंश है, जो अनुष्का ने 6 दिसंबर, 2007 को लिखा था—

"लंबा, साँवला-सलोना, सुंदर, बुद्धिमान, मजाकिया, प्यार करनेवाला, ईमानदार, दयालु, सफल इनसान और बहादुर—शायद एक लड़की अपने सपनों के राजकुमार में ये सारी विशेषताएँ देखना चाहती है। जब उसे सांता क्लॉज और परियों की कहानियाँ सुनाई जाती हैं तो उस वक्त लड़की के मन में अपने शहजादे को लेकर शायद कुछ ऐसी ही छवि उभरकर आती है। लेकिन समय के साथ जब हम लड़कियाँ बड़ी हो जाती हैं, तब हमें अंदाजा लगता है कि शायद वास्तविक दुनिया में ऐसा कोई लड़का बना ही नहीं है। जब हमारा सामना सच्चाई से होता है, तब हम अपने आप को समझाते हैं कि इस दुनिया में कुछ भी परफेक्ट नहीं होता है। धीरे-धीरे हम सांता क्लॉज, टूथ फेयरी, सिंड्रेला, प्रिंस चार्मिंग और स्नो व्हाइट की कहानियों को भुला देते हैं। दूसरी लड़कियों की तरह मैं भी अपने सपनों के राजकुमार के बारे में ऐसा ही सोचा करती थी। मेरी सहेलियाँ मेरी नादानी पर हँसा करती थीं। लेकिन मेरी जिंदगी में कुछ ऐसा हुआ, जो आम लोगों के जीवन से अलग हटकर था। मैं उन भाग्यशाली लोगों में से एक थी, जिनकी जिंदगी में सच में 'सपनों का वही राजकुमार' आया था, जो हम बचपन में देखा करते थे। हमने जितनी भी कल्पनाएँ की थीं, उस इनसान के अंदर वे सारे गुण मौजूद थे। वह इनसान कोई और नहीं, बल्कि मेरे गोपी अंकल थे, जिन्हें 'मेजर गोपी सिंह राठौर' के नाम से भी जाना जाता था। वे सेना के एक अधिकारी थे, जिनके अंदर ये सारे गुण समाहित थे। उनके बारे में बात करने के लिए मैं अपने आप को छोटा महसूस करती हूँ।"

गोपी के सर्वोच्च बलिदान के दस साल बाद मेरी तैनाती श्रीनगर में कोर कमांडर के रूप में हुई। वहाँ मुझे यह जानकर बड़ी खुशी हुई कि गोपी के सम्मान में बाँदीपोरा में अब भी हर साल मेजर गोपी सिंह राठौर, शौर्य चक्र (मरणोपरांत) मेमोरियल फुटबॉल टूर्नामेंट का आयोजन किया जाता था। गोपी की यूनिट के एक अधिकारी गोपी को याद करते हुए बताते हैं कि शायद गोपी को अपने अल्प जीवन का पहले से ही अंदाजा था। एक बार किसी साथी ने उनसे मुसकराते हुए पूछा कि उनकी शादी

क्यों नहीं हुई अभी तक? गोपी ने जवाब दिया, "सर, काश, मेरी जिंदगी इतनी लंबी हो पाती!" इस बात के कुछ ही म्हीनों बाद गोपी ने अपना जीवन राष्ट्र के लिए न्योछावर कर दिया। सेना में हम अपने सहकर्मियों की यादों, उनके साथ की गई बातचीत और एक साथ मिलकर बहादुरी से लड़ी गई लड़ाइयों को अपने दिल में काफी सँजोकर रखते हैं। हम अपने परिवार की यादों से ज्यादा उन कहानियों को अपने दिलों में सँभालकर रखते हैं।

उनके शौर्य को मेरा सलाम!

□

एक कमांडो इंस्ट्रक्टर के तौर पर मैं वहाँ आनेवाले लोगों को साँपों को पकड़ने, उन्हें काटने और पकाने का तरीका सिखाता था। यह हमारी ट्रेनिंग का हिस्सा होता है, जिसमें हमें यह सिखाया जाता है कि हम जंगल में कैसे जिंदा रह सकते हैं।

10

कठिन समय ज्यादा देर नहीं टिकता और दृढ़ निश्चयवाले उसे हमेशा पार करते हैं

"Tough times don't last forever, but tough people do." यानी कठिन समय ज्यादा देर नहीं टिकता और दृढ़ निश्चयवाले उसे हमेशा पार करते हैं।

कमांडो विंग, इन्फैंट्री स्कूल, बेलगाम, जो कि भारत के पश्चिमी तट पर स्थित पणजी और कोल्हापुर के बीच स्थित एक शहर है, के प्रवेश द्वार पर एक बड़े से बोर्ड पर लिखा है—'We make men out of boys', यानी हम 'एक बच्चे को मर्द बनाते हैं।' यहाँ भारत के योग्यतम और बेहतरीन सैनिक तैंतीस दिवसीय कमांडो पाठ्यक्रम से गुजरते हैं, जो भावनात्मक व शारीरिक दोनों रूप में उन जवानों की सीमा और धैर्य का परीक्षण करने के लिए डिजाइन किया गया है। यदि वे इसे पास करते हैं तो वे भारतीय सशस्त्र बलों के अभिजात वर्ग में प्रवेश करते हैं।

भारतीय सेना के कमांडो कोर्स को दुनिया में सबसे कठिन माना जाता है। जब मैं 1980 के दशक में कमांडो इंस्ट्रक्टर के रूप में वहाँ तैनात था, तब एक अमेरिकी अधिकारी ने यह कहकर कोर्स बीच में छोड़ दिया कि यह अमानवीय है। अधिकांश भारतीय अधिकारी, जो अमेरिका के रेंजर्स कोर्स के लिए जाते हैं (भारतीय कमांडो कोर्स की तरह), बहुत अच्छा करते रहे हैं और हमारे कई अधिकारियों ने वहाँ इस कोर्स में शीर्ष स्थान भी प्राप्त किया है।

कमांडो कोर्स के दौरान सैनिकों को विशेष कौशल प्रदान किया

जाता है। यह आपके शरीर और मन को सँभालनेवाली चरम सीमाओं के बारे में है। कमांडो (जैसा कि छात्रों को जाना जाता है, वे अधिकारी हों या सैनिक) को लगातार याद दिलाया जाता है कि 'Tough times don't last forever, but tough people do.' कठिन समय ज्यादा देर नहीं टिकता और दृढ़ निश्चयवाले उसे हमेशा पार करते हैं।

हथियार प्रशिक्षण एक सैनिक की रोजी-रोटी है, जहाँ फायरिंग स्किल किसी भी सैनिक के लिए नींव है और इस स्किल में उसकी विशेषज्ञता ही उसे एक कमांडो ग्रेजुएट बनने में मदद करती है। हथियार प्रशिक्षण की बिल्कुल एडवांस ट्रेनिंग में एक सैनिक सीखता है कि कैसे आँखों पर पट्टी बाँधकर राइफल या पिस्तौल को खाली करना है तथा उसके कल-पुरजे जोड़ने हैं।

हथियार प्रशिक्षण एक सैनिक की रोजी-रोटी है, जहाँ फायरिंग स्किल किसी भी सैनिक के लिए नींव है और इस स्किल में उसकी विशेषज्ञता ही उसे एक कमांडो ग्रेजुएट बनने में मदद करती है। हथियार प्रशिक्षण की बिल्कुल एडवांस ट्रेनिंग में एक सैनिक सीखता है कि कैसे आँखों पर पट्टी बाँधकर राइफल या पिस्तौल को खाली करना है तथा उसके कल-पुरजे जोड़ने हैं।

उसे ऐसा करने की या ऐसी ट्रेनिंग की आवश्यकता क्यों है? क्योंकि रात में उसकी बंदूक में कोई रोक पड़ सकती है या वह रात में दुश्मन द्वारा पहचाने जाने के डर से अपनी टॉर्च की रोशनी का इस्तेमाल नहीं कर सकता। इसलिए एक कमांडो के पास अँधेरे में हथियारों को ठीक करने में सक्षम होने की क्षमता होनी चाहिए। उसमें किसी मुटभेड़ की स्थिति में दोनों हाथों और दोनों कंधों से हथियार चलाने की क्षमता होनी चाहिए। रणक्षेत्र में एक

साथी में अपने दूसरे साथी की हरकत को कवर करने की क्षमता होनी चाहिए। ऐसे प्रशिक्षण कमांडो के लिए बेहद अहम होते हैं।

किसी भी सैनिक के लिए बुनियादी सैन्य प्रशिक्षण में शारीरिक फिटनेस भी शामिल है। कमांडो कोर्स में यह शारीरिक फिटनेस जवानों को और पैना करती है। इस कोर्स में कमांडोज को 12 फीट ऊँची दीवारों से कूदने के लिए प्रशिक्षित किया जाता है। सँकरे प्लेटफॉर्मों पर चलने और 50 फीट की ऊँचाई से पानी में छलाँग लगाने, जमीन से 15 मीटर ऊपर मँडरानेवाले हेलीकॉप्टर के नीचे से सरकते हुए जाने और अपने पूरे साजो-सामान के साथ-साथ 22.5 किलो के निजी हथियारों को लेकर 10, 20, 30 और 40 कि.मी. की लंबी दूरी तय करते हैं। दरअसल कोर्स के अंत में वे मूल रूप से एक भारी साजो-सामान लेकर मैराथन दौड़ते हैं।

किसी भी सैनिक के लिए बुनियादी सैन्य प्रशिक्षण में शारीरिक फिटनेस भी शामिल है। कमांडो कोर्स में यह शारीरिक फिटनेस जवानों को और पैना करती है। इस कोर्स में कमांडोज को 12 फीट ऊँची दीवारों से कूदने के लिए प्रशिक्षित किया जाता है।

समय के प्रतिकूल धैर्य के साथ इस स्पीड मार्च को भीषण, थका देनेवाला अभ्यास कहा जाता है। हालाँकि, इससे भी ज्यादा कठिन, थकाऊ प्रशिक्षण सत्र होता है पहाड़ी और जंगल के रास्ते, जहाँ कोई रास्ता न हो, उनमें से गुजरकर एक कमांडो टीम के रूप में मॉक ड्रिल या फर्जी हमले के दौरान। एक बार एक टीम के साथ चलते समय (एक प्रशिक्षक हमेशा साथ चलता या भागता है, कमांडोज के साथ प्रशिक्षण सत्र से सीखे गए सबक को बाहर लाने के लिए), मुझे याद है कि दो कमांडो पानी की एक धारा की बगल

में सपाट लेटे पड़े हुए हैं और जानवरों की तरह पानी पी रहे हैं। इस ट्रेनिंग के दौरान यही स्तर था प्यास और थकान का।

इस बेहद कठिन प्रशिक्षण का उद्देश्य यह परखना होता है कि क्या मनुष्य का मन अपने शरीर पर विजय प्राप्त कर सकता है ? मुझे ऐसी कुछ ट्रेनिंग्स की याद है, जहाँ सैनिकों ने फ्रैक्चर के बावजूद रूट मार्च को पूरा किया, ताकि उनकी टीमों को कहीं अयोग्य घोषित न कर दिया जाए। यह सेना की एकमात्र ऐसी ट्रेनिंग है, जहाँ आप सोच भी नहीं सकते कि सैनिकों को युद्धरत न रहने के बावजूद जीत के लिए खुद को क्यों झोंकना पड़ता है ? युद्ध के मैदान में दुश्मन के सामने न होने के बावजूद आखिर ऐसा क्या है इस ट्रेनिंग में ? दरअसल, यह नजरिए का प्रश्न है, क्योंकि हमारे पेशे में सिर्फ विजेता होता है, उपविजेता नहीं।

इस बेहद कठिन प्रशिक्षण का उद्देश्य यह परखना होता है कि क्या मनुष्य का मन अपने शरीर पर विजय प्राप्त कर सकता है ? मुझे ऐसी कुछ ट्रेनिंग्स की याद है, जहाँ सैनिकों ने फ्रैक्चर के बावजूद रूट मार्च को पूरा किया, ताकि उनकी टीमों को कहीं अयोग्य घोषित न कर दिया जाए।

Those who don't win, often end up dead!

जो जीतते नहीं हैं, वे अकसर मारे जाते हैं।

इस कोर्स के अंत में, जो पूरे प्रशिक्षण में सबसे कठिन हिस्सा है, वह है छोटी टीमों का गठन कर उन्हें जंगलों व पहाड़ों में भेजा जाना, ताकि वे जंगलों के परिवेश में जीवन और जीवित रहने की कला सीख सकें। इस तरह के अभ्यासों के दौरान कमांडोज की सोने व जागने की दिनचर्या (बायोलॉजिकल क्लॉक) बिल्कुल उलट जाती है। वे रात में

काम करते हैं (अधिकांश ऑपरेशन दुश्मन की सीमा रेखा के पीछे के अँधेरे की आड़ में किए जाते हैं) और दिन में आराम करते हैं, वह भी फिक्स नहीं होता।

कमांडोज को सिखाया जाता है कि एक रसीले कैक्टस या एक पेड़ की टहनियों से रात भर पॉलीथिन शीट को संक्षेपण (कंडेनसेशन) के माध्यम से कैसे बाँधा जाए कि सुबह तक उसमें पानी इकट्ठा हो जाए। उन्हें बिना खाना बनाने के बरतनों के सीधे आग पर खाना बनाकर, उसे बड़े केले के पत्ते या किसी दूसरे पत्ते में लपेटकर उस पर मिट्टी का लेप लगाना सिखाया जाता है। इसका मकसद यह है कि आप ऐसी किसी विकट परिस्थिति में मांस या ऐसी किसी चीज को कैसे भून या सेंक सकते हैं। असल में, इस कमांडो ट्रेनिंग में उन्हें वे सारी चीजें सिखाई जाती हैं, जो उन्होंने पहले कभी नहीं की हों।

कमांडोज को सिखाया जाता है कि एक रसीले कैक्टस या एक पेड़ की टहनियों से रात भर पॉलीथिन शीट को संक्षेपण (कंडेनसेशन) के माध्यम से कैसे बाँधा जाए कि सुबह तक उसमें पानी इकट्ठा हो जाए। उन्हें बिना खाना बनाने के बरतनों के सीधे आग पर खाना बनाकर, उसे बड़े केले के पत्ते या किसी दूसरे पत्ते में लपेटकर उस पर मिट्टी का लेप लगाना सिखाया जाता है।

जंगल में ऐसी ट्रेनिंग के दौरान अन्य विषयों के अलावा मैं कमांडोज को साँपों को पकड़ने, काटने, पकाने और खाने के लिए प्रशिक्षित करता था, जैसा कि मैंने पिछले अध्याय में उल्लेख किया है। आप लोग पूछ सकते हैं कि साँप ही क्यों? क्योंकि आश्चर्यजनक रूप से, एक साँप को पकड़ना, काटना व पकाना आसान है और यह मछली की तरह ही

स्वादिष्ट होता है तथा एक बार जब आप यह सीख जाते हैं तो आपको पता चलता हैं कि जंगल में बिना किसी मदद के हिरण, खरगोश या यहाँ तक कि वन कुक्कुट पकड़ना कितना मुश्किल काम है।

कोर्स के अंतिम चार दिनों में कमांडोज को भागने और बच निकलने का एक दिलचस्प अभ्यास सिखाया जाता है। उन्हें एक स्थिति दी जाती है कि वे युद्धबंदी हैं, जो दुश्मन की जेल से भाग गए हैं और उन्हें 50 कि.मी. दूर कमांडो स्कूल लौटना पड़ता है, जबकि सभी प्रशिक्षक और कर्मचारी दुश्मन बनकर उनकी तलाश कर रहे होते हैं।

कोर्स के अंतिम चार दिनों में कमांडोज को भागने और बच निकलने का एक दिलचस्प अभ्यास सिखाया जाता है। उन्हें एक स्थिति दी जाती है कि वे युद्धबंदी हैं, जो दुश्मन की जेल से भाग गए हैं और उन्हें 50 कि.मी. दूर कमांडो स्कूल लौटना पड़ता है, जबकि सभी प्रशिक्षक और कर्मचारी दुश्मन बनकर उनकी तलाश कर रहे होते हैं।

इस दौरान यदि वे पकड़े जाते हैं तो उन्हें एक गाड़ी में बिठाकर कुछ कि.मी. आगे ले जाया जाता है और छोड़ दिया जाता है, ताकि वे अभ्यास फिर से शुरू कर सकें। कमांडोज यह कार्य अपने खास साथी, दोस्तों के जोड़ों में करते हैं। उन्हें ट्रेनिंग के दौरान जो कुछ भी सिखाया गया है, उसका इस्तेमाल करके अपने भोजन के लिए खुद ही जुगाड़ करना पड़ता है। पहाड़ और जंगल के मार्गों पर झूठ या चालाकी की संभावना नहीं रहती है, क्योंकि प्रशिक्षक सड़कों के आसपास ही रहते हैं। कहने की जरूरत नहीं कि यह बहुत कठिन, लेकिन रोमांचक अभ्यास है।

कई कमांडोज इस कठिन चुनौती से निपटने के लिए चतुराई भरे

सरल तरीके अपनाते हैं। जब मैं कमांडोज बनने का प्रशिक्षण ले रहा था, तब मेरे दो बैचमेट एक्सरसाइज से वापस नहीं आए। पूरा दिन बीत गया, उनकी कोई खबर नहीं। हम सब कुछ चिंतित होने लगे थे।

देर रात वे शर्मिंदगी का भाव लिये लौट आए और अपनी कहानी सुनाने लगे। वे कुछ ज्यादा ही रचनात्मक हो गए थे और अपनी थकावट एवं युद्ध-भार से परेशान होकर उन्होंने एक बस पकड़ ली। पकड़े जाने के डर से वे छत के सामान की रैक पर चढ़ गए। वे बुरी तरह से थके हुए थे, इसलिए तुरंत गहरी नींद में चले गए और तब तक नहीं जागे, जब तक बस अपने गंतव्य पर नहीं पहुँच गई—गोवा! इससे पहले शायद ही किसी को गोवा जैसी शानदार जगह पहुँचने पर इतना पछतावा हुआ हो!

मैं एक कमांडो इंस्ट्रक्टर रह चुका हूँ और जब मैं कोर्स के बारे में बात करता हूँ तो भावनाओं में बह जाता हूँ। लेकिन सच्चाई यह है कि हम भारतीय सेना में सामान्य रूप से प्रशिक्षण पर बहुत जोर देते हैं। यही वजह है कि आज यह विश्व की एक बहुत ही पेशेवर शक्ति है।

मैं एक कमांडो इंस्ट्रक्टर रह चुका हूँ और जब मैं कोर्स के बारे में बात करता हूँ तो भावनाओं में बह जाता हूँ। लेकिन सच्चाई यह है कि हम भारतीय सेना में सामान्य रूप से प्रशिक्षण पर बहुत जोर देते हैं। यही वजह है कि आज यह विश्व की एक बहुत ही पेशेवर शक्ति है।

क्या आपने कभी सोचा है कि ऐसा क्यों होता है कि जब भी देश में कोई प्राकृतिक या मानव-निर्मित आपदा आती है तो सेना को मदद के लिए बुलाया जाता है? इस तथ्य के बावजूद कि राष्ट्रीय आपदा प्रतिक्रिया बल (एन.डी.आर.एफ.), राज्य आपदा प्रतिक्रिया कोष (एस.डी.आर.एफ.) और अन्य अर्धसैनिक बलों जैसे कई संगठन हैं, जो

इसी काम के लिए हैं; जबकि सेना ऐसे कार्यों के लिए अंतिम उपलब्ध विकल्प है। वास्तव में, हमारा पूरा जीवन उस पुरानी कहावत के अनुसार चलता है, 'जितना अधिक आप शांति काल में पसीना बहाएँगे, युद्ध में उतना ही कम खून बहाएँगे।'

खून और पसीने की बात करते हुए मैं इन दोनों के बारे में एक छोटी सी कहानी से खत्म करना चाहता हूँ। एक अजगर था, जिसे मैं एक कमांडो इंस्ट्रक्टर के रूप में सप्ताह में कई बार पकड़कर छात्रों या वहाँ आनेवाले गण्यमान्य व्यक्तियों के पास प्रदर्शन के लिए ले जाता था।

खून और पसीने की बात करते हुए मैं इन दोनों के बारे में एक छोटी सी कहानी से खत्म करना चाहता हूँ। एक अजगर था, जिसे मैं एक कमांडो इंस्ट्रक्टर के रूप में सप्ताह में कई बार पकड़कर छात्रों या वहाँ आनेवाले गण्यमान्य व्यक्तियों के पास प्रदर्शन के लिए ले जाता था।

आमतौर पर एक साँप छटपटाने लग जाता, अगर मैं उसकी पूँछ पकड़ लेता या उसके सिर को छड़ी से बाँध देता; लेकिन जब मैं उस अजगर को छड़ी से पकड़ता था या उसकी गरदन पकड़ लेता था तो आश्चर्यजनक रूप से वह शांत रहता था। यहाँ तक कि कुछ वक्त बाद जब मैंने एक बार प्रदर्शन कर लिया तो मुझे इसे वापस उसको उसके कवच में ले जाने की जरूरत नहीं पड़ी। वह खुद-ब-खुद सरकते हुए उसमें चला गया।

एक बार जब मैं छात्रों को अजगर पकड़ना दिखा रहा था, मैंने अपने दाहिने हाथ से अजगर की पूँछ को पकड़ा हुआ था और उसका सिर छड़ी से दबाने वाला था कि तभी मुझसे किसी ने एक प्रश्न पूछा। साँप का सिर अभी खुला हुआ ही था। चूँकि मैं इसका अभ्यस्त हो गया

था, इसलिए बिल्कुल निश्चिंत था। लेकिन जैसे ही मैं सवाल का जवाब देने के लिए पलटा, उस दिन न जाने क्यों, साँप ने पलट कर मेरी उँगली काट ली।

उसने अपने शरीर के बाकी हिस्से को मेरी बाँह पर लपेटना शुरू कर दिया। मैंने जल्दी से उसकी गरदन को अपने बाएँ हाथ से पकड़ लिया। मेरी उँगली उसके मुँह में थी। उसका मुँह मेरे दूसरे हाथ में था और उसका शरीर मेरे दाएँ हाथ को निचोड़ते हुए मेरे दोनों हाथों के आसपास लपेटा हुआ था। परिस्थिति बहुत गंभीर और पेचीदा थी।

खून और पसीने की वजह से मेरे हाथ फिसल रहे थे। अजगर एक गैर-जहरीला साँप है; लेकिन उसके दाँत किसी सुई की तरह नुकीले होते हैं और हर काटने के साथ वह अपने शिकार को थोड़ा-थोड़ा करके निगल जाता है। अपने शिकार को निगलने के बाद अजगर आमतौर पर शिकार के चारों ओर अपने शरीर को कसकर दबाकर उसे तोड़ देता है, ताकि शिकार कुचल जाए।

खून और पसीने की वजह से मेरे हाथ फिसल रहे थे। अजगर एक गैर-जहरीला साँप है; लेकिन उसके दाँत किसी सुई की तरह नुकीले होते हैं और हर काटने के साथ वह अपने शिकार को थोड़ा-थोड़ा करके निगल जाता है। अपने शिकार को निगलने के बाद अजगर आमतौर पर शिकार के चारों ओर अपने शरीर को कसकर दबाकर उसे तोड़ देता है, ताकि शिकार कुचल जाए।

जू-कीपर मणि मदद के लिए आगे आया। वह कुछ संकोच कर रहा था। लेकिन मैंने उसे आश्वस्त किया कि साँप की गरदन पर मेरी पकड़ मजबूत है। इस प्रकार आश्वस्त होने के बाद मणि ने धीरे से

अजगर की पूँछ, जो मुझे जकड़े हुए थी, को हटा दिया। हालाँकि, यह आसान नहीं था, क्योंकि अजगर भी डरा हुआ था और अपने बचाव में शरीर को कसकर निचोड़ रहा था। कुछ मिनटों के बाद हम अजगर को अलग करने में कामयाब हुए और मैंने उसे चिड़ियाघर में फेंक दिया, जहाँ वह सरकते हुए अपने कोने तक चला गया। उसके बाद मैंने मिलिटरी हॉस्पिटल जाकर टीके लगवाए।

इस घटना के दस दिनों बाद मेरी शादी होने वाली थी। शादी के दिन मुझे कमांडो विंग में अपने सहयोगियों से यह कहते हुए टेलीग्राम मिला कि अजगर की मौत हो गई है। यह सुनकर मेरी पत्नी ने तो मुझसे शादी करने के लिए लगभग मना ही कर दिया था।

इस घटना के दस दिनों बाद मेरी शादी होने वाली थी। शादी के दिन मुझे कमांडो विंग में अपने सहयोगियों से यह कहते हुए टेलीग्राम मिला कि अजगर की मौत हो गई है। यह सुनकर मेरी पत्नी ने तो मुझसे शादी करने के लिए लगभग मना ही कर दिया था।

इस बेहद सहन-शक्तिवाले कमांडो प्रशिक्षण का उद्देश्य यह देखना है कि क्या मानव मन मानव शरीर पर विजय प्राप्त कर सकता है? यह शरीर से ज्यादा नजरिए की बात है और हमारे पेशे में कोई उप-विजेता नहीं होता।

जो जीतते नहीं हैं, वे अकसर मारे जाते हैं!

Those who don't win, often end up dead!

□

हमारी इस कठिनतम कमांडो ट्रेनिंग का उद्देश्य
यह जाँचना है कि क्या मानव मन मानव शरीर पर विजय
प्राप्त कर सकता है ? यह नजरिए की बात है।
हमारे पेशे में कोई उप-विजेता नहीं होता है।
जो जीतते नहीं हैं, वे अकसर मारे जाते हैं।

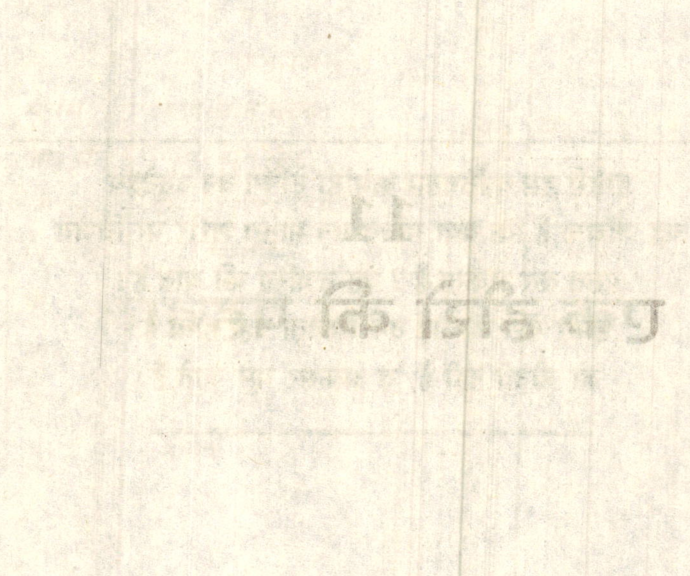

11

एक हीरो की पहचान

जिंदगी को सही मायने में जीने से पहले उसने अपनी जिंदगी न्योछावर कर दी। अभी तो उसने अपनी जिंदगी को ठीक से जिया भी नहीं था कि उससे पहले ही जीवन को अलविदा कह दिया! अपनी छोटी सी उम्र में जिसने देश की सुरक्षा में अपने प्राण न्योछावर कर दिए हों, उसके लिए आप और क्या कह सकते हैं?

संयोग से, जब मैं उस हीरो, उस युवा अधिकारी से श्रीनगर के बेस अस्पताल में मिला तो उसने कहा, "सर, मैं अपने जवानों के साथ रहने जाना चाहता हूँ।" उस युवा अधिकारी को बीमारी के अवकाश पर घर जाने के लिए कहा गया था।

दरअसल, हुआ यह था कि श्रीनगर में भीड़ द्वारा की जा रही पत्थरबाजी की वजह से उस जवान ऑफिसर का जबड़ा टूट गया था। पिछले कुछ वर्षों में सुरक्षा बलों पर पथराव करने के मामले काफी बढ़ गए हैं। फिलिस्तीन के इंतफादा से प्रेरित कश्मीरी युवाओं ने अपने विरोध-प्रदर्शन के लिए (वर्ष 2008 से 2011 के दौरान) पत्थरबाजी के रास्ते को अपना लिया था, क्योंकि पत्थरबाजी को पश्चिमी दुनिया में एक निहत्थे विरोध के रूप में देखा जाता था।

बाद में वर्ष 2015 से कश्मीरियों ने सुरक्षा बलों और आतंकवादियों के बीच मुठभेड़ के दौरान भी सुरक्षा बलों पर पत्थरबाजी करनी शुरू कर दी। इसका परिणाम यह होता था कि पथराव की वजह से सुरक्षा बलों का

ध्यान बँट जाना स्वाभाविक होता था; आतंकवादियों को एक चेतावनी मिल जाती थी और कभी-कभी तो पत्थरबाजी की वजह से आतंकवादियों को भागने में भी मदद मिलती थी। कहने के लिए पत्थरबाजों को निहत्था माना जाता था, लेकिन यह पथराव काफी हिंसक होता था।

आएदिन इसके नतीजे देखने को मिलते थे। श्रीनगर स्थित 15वीं कोर के कोर कमांडर के रूप में मैं अकसर बादामी बाग छावनी, जो कि सेना मुख्यालय भी था, के बेस अस्पताल में मरीजों से मिलने जाया करता था। 15वीं कोर को 'चिनार कोर' के नाम से भी जाना जाता है, क्योंकि हमने चिनार के पत्ते को अपने चिह्न के रूप में अपनाया हुआ है। वहाँ मुझे हर तरह के मरीज देखने को मिलते थे, जिनमें गोली लगने के कारण घाव, ग्रेनेड स्प्लिंटर इंजरी, भयानक शीत-दंश और अवसाद के मामले शामिल हैं। इनमें पथराव के मामले भी उतनी ही तादाद में होते थे, जितने कि अन्य मामले।

आएदिन इसके नतीजे देखने को मिलते थे। श्रीनगर स्थित 15वीं कोर के कोर कमांडर के रूप में मैं अकसर बादामी बाग छावनी, जो कि सेना मुख्यालय भी था, के बेस अस्पताल में मरीजों से मिलने जाया करता था। 15वीं कोर को 'चिनार कोर' के नाम से भी जाना जाता है, क्योंकि हमने चिनार के पट्टे को अपने चिह्न के रूप में अपनाया हुआ है।

मेरे सैनिक अकसर मुझसे पूछा करते थे कि पत्थरबाजों से कैंसे निपटा जाए, खासकर जब उनमें महिलाएँ और बच्चे शामिल हों? मेरे लिए इस सवाल का जवाब देना काफी मुश्किल होता था। आत्म-सुरक्षा के लिए सैनिकों के पास घातक हथियार मौजूद होते हैं। तनाव भरे माहौल में एक गोली भी एक बड़े विवाद का कारण बन सकती है। ऐसी

स्थिति में, हम पूरी तरह से सैनिकों और उनके अधिकारियों की चतुराई एवं धैर्य पर निर्भर होते हैं कि वे मामले को बिना भड़काए उस स्थिति से बाहर निकल आएँ। इस तरह की कठिन परिस्थितियों से निपटने के दौरान अकसर हमारे सैनिक गंभीर रूप से घायल हो जाते हैं।

ऐसे ही एक युवा अधिकारी थे—कैप्टन पवन कुमार। उनसे मेरी मुलाकात 4 या 5 फरवरी, 2016 को बेस अस्पताल में हुई थी। वहाँ उन्हें इलाज के लिए भरती कराया गया था। दरअसल, वे दक्षिण कश्मीर में आतंकवादियों के साथ एक सफल मुठभेड़ के बाद अपनी टीम के साथ लौट रहे थे। उस मुठभेड़ में उन्होंने चार आतंकवादियों को मार गिराया था।

ऐसे ही एक युवा अधिकारी थे—कैप्टन पवन कुमार। उनसे मेरी मुलाकात 4 या 5 फरवरी, 2016 को बेस अस्पताल में हुई थी। वहाँ उन्हें इलाज के लिए भरती कराया गया था। दरअसल, वे दक्षिण कश्मीर में आतंकवादियों के साथ एक सफल मुठभेड़ के बाद अपनी टीम के साथ लौट रहे थे। उस मुठभेड़ में उन्होंने चार आतंकवादियों को मार गिराया था।

लौटते वक्त उन्हें एक भीड़ ने घेर लिया और उन पर पथराव शुरू कर दिया। बेहद संयम का परिचय देते हुए उन्होंने अपनी टीम को उस पथराव से बाहर निकाला। इस दौरान कैप्टन समेत उनकी टीम ने एक भी गोली नहीं चलाई, क्योंकि भीड़ में बच्चे और महिलाएँ भी मौजूद थीं। हालाँकि, इस संयम का सिला उन्हें यह मिला कि वे और उनकी टीम के कुछ सदस्य चोटिल हो गए। उनका जबड़ा टूट गया।

जब मैं उनसे अस्पताल में मिला था तो उस वक्त उनके जबड़े पर टाँके लगे हुए थे। बेस अस्पताल के सी.ओ. ने मुझे बताया कि उस

जवान को चार हफ्ते की सिक लीव पर घर जाने की सलाह दी गई है, लेकिन वह घर जाने से मना कर रहा है। सेना में, अगर किसी रोगी को निरंतर चिकित्सकीय देखभाल की जरूरत नहीं होती है, बल्कि उसे केवल आराम की जरूरत होती है तो उसे सिक लीव पर घर भेज दिया जाता है।

जब मैंने उस जवान से पूछा कि वह घर क्यों नहीं जाना चाहता, तो उसने बस, इतना कहा, "सर, मैं अपने बॉयज के साथ जाकर रहना चाहता हूँ।" मुझे उसकी बात पर थोड़ी हँसी आ गई, क्योंकि जिन्हें वह बॉयज, यानी 'लड़के' कहकर संबोधित कर रहा था, उनमें से सभी उम्र में और अनुभव में उससे काफी बड़े थे और वे स्पेशल फोर्सेज के बेहद ही प्रशिक्षित जवान थे। मैंने उससे उसकी उम्र पूछी। बड़े गर्व के साथ उसने कहा कि वह तेईस साल का है। वह मेरे छोटे बेटे से भी छोटा था, लेकिन उसका हौसला गजब का था। वह बात मेरे दिल को छू गई और मैंने फौजी प्रोटोकॉल से हटकर प्यार से उसके बालों को सहलाया और कहा, "हैप्पी हंटिंग, सन!"

जब मैंने उस जवान से पूछा कि वह घर क्यों नहीं जाना चाहता, तो उसने बस, इतना कहा, "सर, मैं अपने बॉयज के साथ जाकर रहना चाहता हूँ।" मुझे उसकी बात पर थोड़ी हँसी आ गई, क्योंकि जिन्हें वह बॉयज, यानी 'लड़के' कहकर संबोधित कर रहा था, उनमें से सभी उम्र में और अनुभव में उससे काफी बड़े थे और वे स्पेशल फोर्सेज के बेहद ही प्रशिक्षित जवान थे।

मैंने बेस अस्पताल के कमांडेंट से कहा, "वह जो भी करना चाहता है, उसे करने दें, डॉक्टर!"

उसके करीब एक पखवाड़े बाद मैंने ताबूत में बंद पवन कुमार के नश्वर शरीर को सलामी दी थी। मैं अभिभूत था।

वह एक बहुत बड़ा ऑपरेशन था। श्रीनगर स्थित चिनार कोर के जनरल ऑफिसर कमांडिंग (जी.ओ.सी.) के रूप में मेरे कार्यकाल के दौरान 20 फरवरी, 2016 को घटित यह सबसे बड़ी बंधक स्थिति (होस्टेज सिचुएशन) थी। ए.के.-47 असॉल्ट राइफल, हथगोले और विस्फोटक से लैस लश्कर-ए-तैयबा के चार आतंकवादियों ने सी.आर.पी.एफ. के काफिले पर हमला कर दिया था। यह घटना श्रीनगर को जम्मू से जोड़नेवाले मुख्य मार्ग पर हुई थी, जिसमें दो पुलिसवालों और एक नागरिक की मौत हो गई थी। इसके बाद वे आतंकवादी पास में ही मौजूद एक एंटरप्रेन्योरशिप डेवलपमेंट इंस्टीट्यूट की विशाल छह मंजिली इमारत में छिप गए और वहाँ उपस्थित लोगों को बंधक बना लिया।

वह एक बहुत बड़ा ऑपरेशन था। श्रीनगर स्थित चिनार कोर के जनरल ऑफिसर कमांडिंग (जी.ओ.सी.) के रूप में मेरे कार्यकाल के दौरान 20 फरवरी, 2016 को घटित यह सबसे बड़ी बंधक स्थिति (होस्टेज सिचुएशन) थी। ए.के.-47 असॉल्ट राइफल, हथगोले और विस्फोटक से लैस लश्कर-ए-तैयबा के चार आतंकवादियों ने सी.आर. पी.एफ. के काफिले पर हमला कर दिया था।

सेना की पहली प्राथमिकता यह थी कि वहाँ फँसे नागरिकों को सुरक्षित तरीके से बाहर निकाला जाए। हालाँकि, ऑटोमैटिक गोलियों और हैंड ग्रेनेड की मदद से आतंकवादी लगातार फायर कर रहे थे। दोनों तरफ से भयानक गोलीबारी की वजह से एक भीषण लड़ाई छिड़ गई थी।

अंततः हमारे सैनिक 60 से ज्यादा बंधकों को सुरक्षित बचाने में कामयाब रहे। जिन लोगों को बचाया गया था, वे सभी कश्मीरी थे। यह बात भी गौर करने लायक है कि जिस भीड़ ने पवन को घायल किया था, वे भी कश्मीरी ही थे। लेकिन इस बात ने पवन और उसके साथियों को उनके कर्तव्य-पथ से जरा भी विचलित नहीं होने दिया। उस युवा कैप्टन ने अपने जवानों की अगुआई करते हुए आतंकवादियों से वीरतापूर्वक लोहा लिया।

आतंकवादियों ने अपनी तैयारी काफी अच्छे से कर रखी थी। उन्होंने विस्फोट कराकर कई दीवारों को उड़ा दिया था, ताकि मलबों की मदद से कॉरीडोर को बंद किया जा सके। कॉरीडोर को बंद करने के लिए उन्होंने कई जगह बड़े-बड़े फर्नीचर का इस्तेमाल किया था। इससे हमारे सैनिकों को बिल्डिंग के भीतर घुसने में काफी मुश्किलें आ रही थीं।

आतंकवादियों ने अपनी तैयारी काफी अच्छे से कर रखी थी। उन्होंने विस्फोट कराकर कई दीवारों को उड़ा दिया था, ताकि मलबों की मदद से कॉरीडोर को बंद किया जा सके। कॉरीडोर को बंद करने के लिए उन्होंने कई जगह बड़े-बड़े फर्नीचर का इस्तेमाल किया था। इससे हमारे सैनिकों को बिल्डिंग के भीतर घुसने में काफी मुश्किलें आ रही थीं। साथ ही, बिल्डिंग के भीतर आतंकवादियों की सटीक स्थिति का पता लगाने के लिए रोबोट और रोलिंग बॉल कैमरों को अंदर भेजने में भी काफी दिक्कतें आ रही थीं। फिर भी, हमारे जवान इमारत के अंदर घुसने में कामयाब रहे और बेहद करीबी लड़ाई (क्लोज कॉम्बैट) के दौरान कैप्टन पवन कुमार गंभीर रूप से घायल हो गए। घायल होने के बावजूद जाँबाज पवन ने वहाँ से निकलने से मना कर दिया और

वह जब तक लड़ सकता था, तब तक लड़ता रहा। बाद में उसने दम तोड़ दिया।

कैप्टन पवन कुमार, कैप्टन तुषार महाजन और लांस नायक ओम प्रकाश—इन सभी कमांडोज ने अपनी जान की बाजी लगा दी। मैंने तो केवल पवन की कहानी सुनाई, क्योंकि मैं उससे अस्पताल में मिल चुका था; लेकिन बाकी लोग भी कम बहादुर नहीं थे। वास्तव में, हर ऑपरेशन में अकसर बहुत से ऐसे गुमनाम नायक होते हैं, जो बड़ी बहादुरी के साथ पेश आते हैं।

कैप्टन पवन कुमार, कैप्टन तुषार महाजन और लांस नायक ओम प्रकाश—इन सभी कमांडोज ने अपनी जान की बाजी लगा दी। मैंने तो केवल पवन की कहानी सुनाई, क्योंकि मैं उससे अस्पताल में मिल चुका था; लेकिन बाकी लोग भी कम बहादुर नहीं थे। वास्तव में, हर ऑपरेशन में अकसर बहुत से ऐसे गुमनाम नायक होते हैं, जो बड़ी बहादुरी के साथ पेश आते हैं।

इनमें से हर किसी को मेडल देना संभव नहीं है। हालाँकि, कैप्टन पवन कुमार को उनके असाधारण साहस, युद्ध-कौशल और सर्वोच्च बलिदान के लिए 15 अगस्त, 2016 को 'शौर्य चक्र' के वीरता पुरस्कार से सम्मानित किया गया था। इस कहानी में एक और हीरो हैं—कैप्टन पवन के पिता श्री राजवीर सिंह। अपने बेटे के अंतिम संस्कार में उन्होंने एक बात कही थी, "मेरा यह इकलौता बेटा था और मैंने इसे सेना को दे दिया। एक पिता की हैसियत से मेरे लिए इससे ज्यादा गर्व की बात क्या हो सकती है!" ए.एन.आई. ने पवन के पिता के इस बयान को समाचार में भी प्रकाशित किया था।

वह क्या बात होती है, जो हमारे देश के छोटे-छोटे शहरों और

गाँवों से निकलकर आनेवाले साधारण लड़कों को हीरो बना देती है? एक बच्चे को उसकी पहली शिक्षा उसके घर से ही मिलती है। हरियाणा का वह लड़का पवन कुमार एक शिक्षक का बेटा था। बचपन में पवन की रुचि खेल-कूद या बाहरी गतिविधियों में बहुत ज्यादा नहीं थी। शुरुआत में वह एक इंजीनियर बनना चाहता था। बाद में स्कूल की पढ़ाई पूरी करने के बाद उसने मैथ्स (ऑनर्स) में बी.एस-सी. के लिए रामजस कॉलेज में दाखिला लिया। इस बीच उसकी मुलाकात उसके चचेरे भाई से हुई, जिसने हाल ही में एन.डी.ए. जॉइन किया था और छुट्टी पर घर आया हुआ था। अपने चचेरे भाई से सेना और एन.डी.ए. की कहानियों को सुनकर पवन भी सेना में जाने के लिए प्रेरित हो गया।

पवन के पिता ने मुझे बताया कि शुरुआत में उनका और उनकी पत्नी का मन नहीं था कि वे अपने बेटे को सेना में भेजें, क्योंकि वह उनकी इकलौती संतान थी; लेकिन जब पवन बार-बार उनसे आग्रह करने लगा तो उन्होंने अनुमति दे दी। हालाँकि, पवन के पिता ने यह शर्त रखी कि वह केवल वायु सेना कैडेट को ही जॉइन करे।

पवन के पिता ने मुझे बताया कि शुरुआत में उनका और उनकी पत्नी का मन नहीं था कि वे अपने बेटे को सेना में भेजें, क्योंकि वह उनकी इकलौती संतान थी; लेकिन जब पवन बार-बार उनसे आग्रह करने लगा तो उन्होंने अनुमति दे दी। हालाँकि, पवन के पिता ने यह शर्त रखी कि वह केवल वायु सेना कैडेट को ही जॉइन करे। दरअसल, पवन के माता-पिता को लगता था कि सेना का जीवन अधिक जोखिम भरा है। मैसूर में सर्विस सेलेक्शन बोर्ड में अपने साक्षात्कार के बाद पवन चिकित्सा परीक्षणों के लिए बैंगलोर गया। वहाँ उसकी आँखों की दृष्टि में

कुछ समस्या होने के कारण उसे अस्थायी तौर पर रिजेक्ट कर दिया गया और उसे दोबारा मेडिकल परीक्षण के लिए उपस्थित होने को कहा गया। उसके बाद उसने अपने पिता को फोन करके आग्रह किया कि वह उसे थल सेना में आवेदन करने के लिए अनुमति दें, क्योंकि पवन थल सेना के मेडिकल स्टैंडर्ड के हिसाब से फिट था।

पवन की दृढ़ता और उत्साह को देखकर उनके पिता ने उसे अनुमति दे दी। मुझे तो लगता है कि पवन सेना में जाने के लिए बिल्कुल अडिग था। उसके पिता ने मुझे बताया कि जब उसने एन.डी.ए. की प्रवेश परीक्षा देने की सोची थी तो उस वक्त उसका वजन ज्यादा था। यह उसका दृढ़ संकल्प ही था कि उसने अपने वजन को 86 किलोग्राम से 64 किलोग्राम तक घटाया। इस तरह उसने अपने वजन में 22 किलोग्राम की कमी की। अपने बेटे के इस संकल्प को देखकर पवन के पिता को अहसास हो गया कि उसके बेटे में सच्ची ललक थी।

पवन की दृढ़ता और उत्साह को देखकर उनके पिता ने उसे अनुमति दे दी। मुझे तो लगता है कि पवन सेना में जाने के लिए बिल्कुल अडिग था। उसके पिता ने मुझे बताया कि जब उसने एन.डी.ए. की प्रवेश परीक्षा देने की सोची थी तो उस वक्त उसका वजन ज्यादा था। यह उसका दृढ़ संकल्प ही था कि उसने अपने वजन को 86 किलोग्राम से 64 किलोग्राम तक घटाया।

अंततोगत्वा दिसंबर 2013 में पवन की नियुक्ति 7 डोगरा में हो गई, जो कि एक बेहतरीन बटालियन है। इन्फैंट्री में शामिल होकर पवन काफी खुश था। लेकिन वह एक पैरा कमांडो बनना चाहता था। जब पवन ने उसके लिए अपने सी.ओ. से परमिशन माँगी तो सी.ओ. को

थोड़ी हिचकिचाहट हुई, क्योंकि सी.ओ. अपने एक अच्छे अधिकारी को खोना नहीं चाहते थे।

बाद में, क्रॉस कंट्री दौड़ चैंपियनशिप के दौरान पवन की कप्तानी में उसकी टीम ने कई बार जीत दर्ज की। पवन की टीम के प्रदर्शन और इसमें उसकी बेहतरीन भूमिका से खुश होकर सी.ओ. ने युवा पवन को पैरा कमांडो जॉइन करने की परमिशन दे दी। तीन महीने की प्रोबेशन ट्रेनिंग और टेस्ट के लिए पवन ने 28 फरवरी, 2015 को रेगिस्तान में तैनात एक पैरा (एस. एफ) बटालियन को रिपोर्ट किया। इस प्रोबेशन ट्रेनिंग में जवान का शारीरिक धैर्य, मानसिक दृढ़ता और उसकी युद्धक क्षमताओं की कठिन परीक्षा ली जाती है और उसे बेहद ही मुश्किल ट्रेनिंग दी जाती है। साथ ही, अत्यधिक दबाव की स्थिति में भी शस्त्र-संचालन और गोलीबारी की ट्रेनिंग भी दी जाती है।

क्रॉस कंट्री दौड़ चैंपियनशिप के दौरान पवन की कप्तानी में उसकी टीम ने कई बार जीत दर्ज की। पवन की टीम के प्रदर्शन और इसमें उसकी बेहतरीन भूमिका से खुश होकर सी.ओ. ने युवा पवन को पैरा कमांडो जॉइन करने की परमिशन दे दी। तीन महीने की प्रोबेशन ट्रेनिंग और टेस्ट के लिए पवन ने 28 फरवरी, 2015 को रेगिस्तान में तैनात एक पैरा (एस. एफ.) बटालियन को रिपोर्ट किया।

अपने बेहतरीन प्रदर्शन की बदौलत वह युवा सैनिक प्रतिष्ठित पैरा (एस.एफ.) बटालियन के एक काबिल अधिकारी के रूप में तैनात हो गया। यह बटालियन खास तौर पर रेगिस्तानी इलाकों में युद्ध के लिए प्रशिक्षित होती है। कमांडो के बलिदान बैज और मैरून कलर की टोपी को पहनकर कैप्टन पवन कुमार की जिंदगी का सपना सच हो गया था।

वह अपने प्रशिक्षण और अनुभवों के बारे में अपने पिता को लिखकर भेजा करता था। पवन की बातों को याद करते हुए उसके पिता कहते हैं कि जब वह आगरा के ट्रेनिंग स्कूल में पैराशूट जंपिंग सीख रहा था तो बहुत ही रोमांचित था। हवा के बीच पैराशूट की मदद से हवाई जहाज से कूदना उसे बहुत आनंद देता था। एक सच्चा सिपाही हमेशा चुनौतियों का प्यासा होता है। सितंबर में पवन को जम्मू व कश्मीर में आतंकवाद-रोधी अभियानों में उसकी टीम के साथ तैनाती मिल गई। पवन के पिता याद करते हुए कहते हैं कि वर्ष 2015 की 3 या 4 अक्तूबर को पवन की आतंकवादियों के साथ पहली बार मुठभेड़ हुई थी और उसका वह ऑपरेशन काफी सफल रहा था। एक युवा पैरा कमांडो, जिसकी ट्रेनिंग कठिन जरूर थी, फिर भी तुलनात्मक रूप से वहाँ जोखिम कम था; लेकिन अब वह खून, पसीने और आँसुओं की वास्तविक दुनिया में आ चुका था। अब वह लड़ाई में डूब चुका था।

वह अपने प्रशिक्षण और अनुभवों के बारे में अपने पिता को लिखकर भेजा करता था। पवन की बातों को याद करते हुए उसके पिता कहते हैं कि जब वह आगरा के ट्रेनिंग स्कूल में पैराशूट जंपिंग सीख रहा था तो बहुत ही रोमांचित था। हवा के बीच पैराशूट की मदद से हवाई जहाज से कूदना उसे बहुत आनंद देता था।

जनवरी 2016 में वह अपना जन्मदिन मनाने के लिए छुट्टी पर घर आया था। एक सच्चे सैनिक के रूप में उसने 7 डोगरा की स्थापना दिवस के साथ खुद का जन्मदिन मनाने का फैसला किया। इसी बटालियन में पवन की कमिशनिंग हुई थी। यह एक संयोग की बात है कि पवन

का जन्मदिन, 7 डोगरा का स्थापना दिवस और सेना दिवस—सभी 15 जनवरी को ही पड़ते हैं। अपने नौ मित्रों और परिवार समेत वह समारोह में भाग लेने के लिए फिरोजपुर चला गया। यह दरशाता है कि वह अपनी बटालियन के लिए कितना प्रतिबद्ध था। साथ ही, इस आयोजन में उसके साथ उसके मित्र और परिवारवाले भी गए थे। इससे पता चलता है कि वह अपने परिवार और दोस्तों के भी काफी नजदीक था।

पवन के पिता से बात करके मुझे उसके बारे में काफी कुछ जानने का मौका मिला, मसलन पवन को सेना में आने की प्रेरणा कहाँ से मिली, उसने इसके लिए अपने मन में दृढ़ संकल्प कैसे बनाया और कैसे वह बिल्कुल निडर हो गया। इसके अलावा, उसके पिता भी उतने ही बहादुर थे, क्योंकि पवन के दाह संस्कार के समय उन्होंने एक बात कही थी, "यह मेरा इकलौता बेटा था। मैंने इसे सेना को समर्पित कर दिया। मुझसे ज्यादा गौरवान्वित और कोई पिता नहीं हो सकता।"

पवन के पिता से बात करके मुझे उसके बारे में काफी कुछ जानने का मौका मिला, मसलन पवन को सेना में आने की प्रेरणा कहाँ से मिली, उसने इसके लिए अपने मन में दृढ़ संकल्प कैसे बनाया और कैसे वह बिल्कुल निडर हो गया। इसके अलावा, उसके पिता भी उतने ही बहादुर थे"

जब मैंने उनसे इस बात का जिक्र किया तो उन्होंने मुझे बताया कि उनके बेटे के कमिशनिंग समारोह के समय वहाँ उपस्थित हर माँ-बाप को एक गौरव पदक मेडल मिला था। उस मेडल पर लिखी बातें पवन के पिता के अंतर्मन को छू गई थीं। बता दें कि पासिंग आउट परेड के बाद कमिशनिंग समारोह आयोजित किया जाता है। उस पदक पर एक सरल, लेकिन बहुत ही प्रभावशाली वाक्य लिखा हुआ था—'मेरी संतान देश को समर्पित'!

ऐसे बहादुर पिता का बहादुर बेटा होना तो स्वाभाविक है। सेना में अपनी सेवा के केवल दो वर्षों में ही युवा पवन को डोगरा रेजीमेंट में कमीशन मिला और फिर उसके बाद वह प्रतिष्ठित स्पेशल फोर्सेज का भी हिस्सा बन गया। उसके एक साल बाद उसने इस दुनिया को अलविदा कह दिया। इतने थोड़े से समय में उसने अपने डोगरा सैनिकों और पैरा कमांडो सहयोगियों का दिल जीत लिया और अपने संपर्क में आनेवाले हर व्यक्ति पर अपना प्रभाव छोड़ा। उससे प्रभावित होनेवालों में मैं भी शामिल था।

मेरा मानना है कि घर और स्कूल में बेहतर परवरिश के परिणामस्वरूप ही हीरो बनते हैं। सेना का प्रशिक्षण उन्हें पॉलिश करता है और उनके अधिकारी जब खुद आगे बढ़कर नेतृत्व करते हैं तो इससे उन्हें प्रेरणा मिलती है। लेकिन हीरो के वास्तविक मूल्य तो उनके घर पर ही तय हो जाते हैं। कई बार हमें इन हीरोज के परिवार, यहाँ तक कि इनके बच्चों से भी अविश्वसनीय साहस और धैर्य की बातें सुनने को मिलती हैं!

मेरा मानना है कि घर और स्कूल में बेहतर परवरिश के परिणामस्वरूप ही हीरो बनते हैं। सेना का प्रशिक्षण उन्हें पॉलिश करता है और उनके अधिकारी जब खुद आगे बढ़कर नेतृत्व करते हैं तो इससे उन्हें प्रेरणा मिलती है। लेकिन हीरो के वास्तविक मूल्य तो उनके घर पर ही तय हो जाते हैं। कई बार हमें इन हीरोज के परिवार, यहाँ तक कि इनके बच्चों से भी अविश्वसनीय साहस और धैर्य की बातें सुनने को मिलती हैं! इसी कथनी को करनी के तौर पर साबित करते हुए उन बहादुरों की विधवाएँ उसी सेना में शामिल हो जाती हैं, जहाँ उनके पति अपने जीवन का बलिदान दे चुके होते हैं, ताकि वे बहादुरी की

गाथा जारी रख सकें। हमारे ये युवा नेता हमें अक्सर गौरवान्वित महसूस कराते हैं। साथ ही, उनके माता-पिता और परिवार भी उनसे कम बहादुर नहीं होते हैं।

□

वह ऐसी क्या चीज है, जो हमारे देश के छोटे शहरों और गाँवों के साधारण लड़कों को नायक बनाती है? एक बच्चे को उसकी पहली शिक्षा उसके घर से ही मिलती है। पवन कुमार एक शिक्षक का बेटा था। अपने बेटे के अंतिम संस्कार में पवन के पिता ने एक बात कही थी, "मेरा यह इकलौता बेटा था और मैंने इसे सेना को दे दिया। एक पिता के लिए इससे ज्यादा गौरव की बात क्या हो सकती है!"

12

बुरी खबर

सेना में हर चीज का प्रशिक्षण दिया जाता है, लेकिन एक बात कभी किसी सैनिक को नहीं सिखाई जाती—एक साथी की मौत की खबर को कैसे उसके परिवार तक पहुँचानी है। यह और भी ज्यादा कठिन इसलिए है, क्योंकि लड़ाई में जिन सैनिकों की मौत होती है, उनमें ज्यादातर की उम्र पैंतीस साल से कम होती है और वे अपने पीछे युवा विधवाओं, छोटे बच्चों, सदमे में उजड़े माता-पिता और एक अधूरा, अनिश्चित जीवन छोड़ जाते हैं।

सबके परिवार यह जानते हैं कि एक सैनिक के सिर पर हमेशा मौत का खतरा मँडराता रहता है, खासकर एक पैदल सैनिक के लिए, जो मोर्चे पर आमने-सामने की लड़ाई लड़ता है; लेकिन कोई भी परिवार मौत की खबर के लिए तैयार नहीं रहता।

एक अधिकारी के लिए सबसे कठिन होता है उसकी कमांड के तहत एक सैनिक को खोने की नैतिक जिम्मेदारी। वे आपके बच्चे जैसे होते हैं। हर मौत एक झटका है, जिससे आप कभी भी उबर नहीं पाते हैं। सेना के सभी लोग, जो कमांडिंग पोजीशन में होते हैं, ऐसा ही महसूस करते हैं। जब उड़ी में आत्मघाती आतंकवादी हमले में हमने 18 सैनिकों को खो दिया तो मुझे लगा, इसके लिए एक तरह से मैं जिम्मेदार हूँ। तब मैं कश्मीर में कोर कमांडर था। जो सैनिक मारे गए, वे सीधे मेरी कमांड के अधीन नहीं थे, लेकिन यह मेरी चौंकसी में हुआ था।

परंपरागत रूप से, भारतीय सेना में एक अधिकारी के हताहत होने की सूचना उसके परिवार को सी.ओ. देता है, जबकि सूबेदार मेजर सैनिक के परिवार को सूचित करता है। एक परिवार को ऐसे हादसों की सूचना देना मेरे द्वारा किए गए सबसे पीड़ादायी कार्यों में से एक था। मैं और मेरे सहयोगी हर खतरे, जोखिम, किसी भी तरह के शारीरिक परीक्षण के लिए तैयार थे; लेकिन सैनिकों के परिवारों को मौत की सूचना देना कुछ ऐसा है, जिसके लिए कभी भी न कोई तैयार हो सकता है और न कोई प्रशिक्षित हो सकता है।

17 जून, 2000 को एल.ओ.सी. के पास आतंकवादियों के साथ एक मुठभेड़ में हमने मेजर प्रदीप तथावडे, कीर्ति चक्र (मरणोपरांत) को खो दिया, जो मेरी कमान में दूसरे नंबर पर थे। आमने-सामने की आतंकी मुड़भेड़ में वह बहुत बहादुरी से लड़ते हुए वीरगति को प्राप्त हुए थे।

17 जून, 2000 को एल.ओ.सी. के पास आतंकवादियों के साथ एक मुठभेड़ में हमने मेजर प्रदीप तथावडे, कीर्ति चक्र (मरणोपरांत) को खो दिया, जो मेरी कमान में दूसरे नंबर पर थे। आमने-सामने की आतंकी मुड़भेड़ में वह बहुत बहादुरी से लड़ते हुए वीरगति को प्राप्त हुए थे। जब ऑपरेशन खत्म हुआ तो मैं घने जंगल वाले पहाड़ी ट्रैक पर सबसे नजदीक की सड़क तक जाने के लिए एक घंटे तक चला। वहाँ से मेरी जिप्सी मुझे लगभग दो घंटे में पुंछ ले गई। उन दिनों मोबाइल फोन नहीं हुआ करते थे और मेरे बटालियन मुख्यालय में एस.टी.डी. फोन लाइन भी नहीं थी। लौटते वक्त मैं अपने बटालियन मुख्यालय में रुका भी नहीं; हालाँकि, वह रास्ते में ही था। रास्ते भर मेरे दिमाग में एक ही बात थी कि मैं प्रदीप की विधवा को यह खबर कैसे बताऊँगा? मैं बार-बार

मन में शब्दों की रचना करता रहा, उन्हें उस बुरी खबर को बताने के अच्छे तरीके बनाने की कोशिश करता रहा; लेकिन क्या ऐसी बुरी खबरों को बताने का कोई अच्छा तरीका होता है?

पुंछ पहुँचते ही मैं सीधे एक पी.सी.ओ. बूथ पर गया और श्रीमती लीनाता तथावडे को फोन लगाया।

"हैलो, कर्नल दुआ!" उन्होंने बहुत गर्मजोशी और प्रसन्नतापूर्वक कहा।

इससे मेरा काम और कठिन हो गया। मैं उन्हें कैसे बताता कि उनके पति का शव अगले दिन उनके घर आएगा। वह फोन रखें और अंतिम संस्कार की तैयारी करें। आखिर कैसे? एक बटालियन में अधिकारी और जवान सभी एक साथ बड़े होते हैं—एक बड़े परिवार की तरह। हर कोई एक-दूसरे की पत्नियों को जानता है, घर की खबरें साझा करता है। बच्चे कैसे बड़े हो रहे हैं, उनकी पढ़ाई कैसी चल रही है आदि।

इससे मेरा काम और कठिन हो गया। मैं उन्हें कैसे बताता कि उनके पति का शव अगले दिन उनके घर आएगा। वह फोन रखें और अंतिम संस्कार की तैयारी करें। आखिर कैसे? एक बटालियन में अधिकारी और जवान सभी एक साथ बड़े होते हैं—एक बड़े परिवार की तरह। हर कोई एक-दूसरे की पत्नियों को जानता है, घर की खबरें साझा करता है।

मैंने अपनी आवाज को थोड़ा ठीक करते हुए, झिझकते हुए कहा कि आतंकवादियों के साथ एक मुठभेड़ हुई थी।

"क्या वह ठीक हैं?" उन्होंने बीच में टोकते हुए पूछा।

"प्रदीप बहुत बहादुरी से लड़ा और…"

वह चीख उठी, "अब वह इस दुनिया में नहीं रहे न?"

मेरे कंधे ढीले हो गए। अचानक मुझे ऐसा लगा, जैसे मेरी छाती से कोई भार निकल गया हो। जब मैंने दबी आवाज में 'हाँ' कहा तो वे ऊँची आवाज में रोने लगीं, "आपने उनको ऑपरेशन के लिए क्यों भेजा?" और उनकी इस बात और विलाप से जो भार कुछ देर के लिए मेरे सीने से हलका हुआ था, वापस और भारी व कठिन हो गया, मानो मुझे साँस लेने में दिक्कत हो रही थी। पर पी.सी.ओ. बूथ के घुटन भरे छोटे आकार से उसका कोई लेना-देना नहीं था। उनके रोने व चीखने का दर्द हमेशा मुझे याद रहेगा। वह और बात करने की हालत में नहीं थीं। सच कहूँ तो मैं भी नहीं था, क्योंकि मैं अपने एक मित्र और लगभग दो दशक के एक सहयोगी को खोने के अपने दुःख को ठीक से अपने दिल व दिमाग में बैठा नहीं पाया था।

"आपने उनको ऑपरेशन के लिए क्यों भेजा?" और उनकी इस बात और विलाप से जो भार कुछ देर के लिए मेरे सीने से हलका हुआ था, वापस और भारी व कठिन हो गया, मानो मुझे साँस लेने में दिक्कत हो रही थी। पर पी.सी.ओ. बूथ के घुटन भरे छोटे आकार से उसका कोई लेना-देना नहीं था।

अलग-अलग लोग बुरी खबर पर अलग-अलग तरह से प्रतिक्रिया देते हैं, पर हर कोई कैप्टन पवन के पिता की तरह साहसी और संयमित नहीं हो सकता, जिन्होंने अपने बेटे के दाह संस्कार में कहा था कि "मेरा एक ही बच्चा था। मैंने उसे सेना को दे दिया।" (अध्याय 11 में पढ़िए) वास्तव में, कभी-कभी तो एक ही परिवार के अलग-अलग सदस्य भी अलग-अलग तरह से प्रतिक्रिया देते हैं।

जब मैं जालंधर के एक पॉश इलाके मॉडल टाउन में स्वर्गीय मेजर रोहित शर्मा के घर गया तो मुझे बहुत अलग अनुभव हुआ। लेकिन यह भी कोई कम मार्मिक नहीं था। परिवार के सभी सदस्यों की प्रतिक्रियाएँ बहुत अलग थीं। मैंने अध्याय 2 में उस समय के बारे में लिखा है, जब हमने रोहित को आतंकवादियों के साथ अपनी पहली मुठभेड़ में खो दिया था। उस वक्त मुझे हाल ही में कमांडिंग ऑफिसर (C.O.) बनाया गया था। रोहित की पत्नी निवेदिता लगभग 25 साल की एक युवा महिला थीं। उनकी शादी को केवल दो साल हुए थे। हमारी पूरी बातचीत में वह बुत की तरह बैठी रहती थीं, यहाँ तक कि उनके आँसू भी सूख गए थे।

रोहित के डॉक्टर पिता, जो कि प्रैक्टिस करते थे, बेटे की मौत से बिल्कुल टूटे हुए-से थे और बहुत कम बातचीत कर रहे थे, जिनमें अधिकांशत: दार्शनिक बातें ही थीं। रोहित उनका इकलौता बेटा था। उनकी दो बहनों की शादी हो चुकी थी और वे अपने-अपने परिवारों के साथ चंडीगढ़ और फरीदाबाद में रहती थीं। बड़ी बहन और उनके पति वहाँ मौजूद थे और सेना की आवश्यक प्रक्रियाओं एवं दस्तावेजी कारवाइयों को समझने की कोशिश कर रहे थे, जिन्हें मैं उनको बता रहा था।

रोहित के डॉक्टर पिता, जो कि प्रैक्टिस करते थे, बेटे की मौत से बिल्कुल टूटे हुए-से थे और बहुत कम बातचीत कर रहे थे, जिनमें अधिकांशत: दार्शनिक बातें ही थीं। रोहित उनका इकलौता बेटा था। उनकी दो बहनों की शादी हो चुकी थी और वे अपने-अपने परिवारों के साथ चंडीगढ़ और फरीदाबाद में रहती थीं।

दिवंगत रोहित की माँ ने रोते-रोते मेरे कंधों को मजबूती से पकड़

रखा था और मेरी कँपकँपी छूट रही थी, क्योंकि मुझे ऐसा लग रहा था कि वह मुझे अपने बेटे की मौत के लिए दोषी ठहरा रही हैं। फिर वे टूट-सी गईं। मैं बस, एक दुखियारी माँ के सामने खड़ा था। ऐसा लग रहा था कि उनसे किसी ने कुछ कहा है, क्योंकि उन्होंने मुझ पर लगभग आरोप लगाते हुए कहा था कि अगर मुठभेड़ स्थल से समय रहते उसे निकाल लिया गया होता तो आज शायद उनका बेटा जीवित रहता।

वे मेरी बातों से आश्वस्त नहीं थीं। भला कौन सी माँ होगी, जिसका दिल मान जाएगा! एक बार मैंने उनसे कहा भी, "आंटी, वह बहुत कड़ा और करीबी मुकाबला था। मैं भी मौजूद था। वह मेरे साथ भी हो सकता था। गोली मुझे भी लग सकती थी।" उन्होंने बस, इतना कहा, "पर ऐसा हुआ तो नहीं न, कर्नल साहब!" मैंने एक दोस्त की माँ की पीड़ा और वेदना के सामने सिर्फ हाथ जोड़कर अपना सिर झुका लिया। मेरी आँखें भी नम हो गई थीं।

वीरगति को प्राप्त सैनिकों के परिवार से इस तरह की प्रतिक्रियाएँ आम हैं। मैंने उन्हें आश्वस्त करने की कोशिश की कि जितना संभव हो सका, उतना सबकुछ जल्द-से-जल्द किया गया। रोहित अपने सैनिकों से बहुत प्यार करनेवाले और सम्मानित सेनापति थे।

वे मेरी बातों से आश्वस्त न्हीं थीं। भला कौन सी माँ होगी, जिसका दिल मान जाएगा! एक बार मैंने उनसे कहा भी, "आंटी, वह बहुत कड़ा और करीबी मुकाबला था। मैं भी मौजूद था। वह मेरे साथ भी हो सकता था। गोली मुझे भी लग सकती थी।" उन्होंने बस, इतना कहा, "पर ऐसा हुआ तो नहीं न, कर्नल साहब!" मैंने एक दोस्त की माँ की पीड़ा और वेदना के सामने सिर्फ हाथ जोड़कर अपना सिर झुका लिया। मेरी आँखें भी नम हो गई थीं।

उनकी बातों ने मुझे अगले दो दशकों तक झकझोरे रखा। जब भी मैंने ऑपरेशन में अपनी कमांड के तहत किसी सिपाही को खोया, मैंने खुद को दोषी-सा महसूस किया। क्यों मैं जिंदा था और वापस क्यों आ गया, जबकि मेरा साथी वापस नहीं आया? रिटायरमेंट के बाद भी यह अहसास मुझे कभी नहीं छोड़ता। युद्ध भी लोगों में अजीब भावनाएँ देता है। अपना सारा जीवन, हर दिन जो मैं जी रहा हूँ, मुझे अपने जीवित रहने पर ग्लानि महसूस होती है।

□

मेरी जिंदगी का सबसे मुश्किल काम था—कैसे अपने एक साथी की मौत की खबर उसके परिवार को देना। मैं और मेरे सहयोगी हर खतरे, जोखिम, किसी भी तरह के शारीरिक परीक्षण के लिए तैयार थे; लेकिन सैनिकों के परिवारों को मौत की सूचना देना कुछ ऐसा है, जिसके लिए कभी भी न कोई तैयार हो सकता है और न ही कोई प्रशिक्षित हो सकता है।

अंतिम शब्द

मुझसे एक कार्यक्रम में एक बार पूछा गया था कि मैं अपने कॅरियर की सबसे बड़ी उपलब्धि क्या मानता हूँ? यह मेरे सेवानिवृत्त होने से ठीक पहले हुआ था और मैंने उस समय पीछे मुड़कर देखा था, जो समय मैंने सेना में बिताया था, इस पुस्तक में आपके द्वारा पढ़ी गई कुछ घटनाओं के बारे में सोचकर।

मेरा दिमाग अलग बिंदुओं पर चला गया—प्रसिद्ध सर्जिकल स्ट्राइक से लेकर मिलिटरी ऑपरेशन में मिली सफलता, सम्मान, मेडल, तरक्की और नियुक्ति तक; लेकिन इन सारी उपलब्धियों से ज्यादा मेरे लिए मेरे सैनिकों एवं मेरे अधिकारियों से मुझे मिला प्यार और स्नेह बहुत बड़ी बात थी। एक प्रेम, जो लगभग भक्ति-भाव की तरह था। अधिकांश कमांडिंग ऑफिसर्स (सी.ओ.) को अपनी कमांड के लोगों से यह प्यार, इज्जत और वफादारी मिली है और दुनिया में आगे बढ़ने के लिए इससे ज्यादा शक्तिशाली बंधन और कुछ भी नहीं हो सकता है, जो हम सैनिकों के बीच अटूट बंधन बनाता है, एक सैनिक को दूसरे से बाँधता है। मैं कार्यक्रम में उस घटना के बारे में बात करने वाला था, लेकिन फिर मैंने अपना विचार बदल दिया।

इसके बजाय मैंने अपने दर्शकों को बताया कि मेरे लिए सबसे बड़ी

संतुष्टि मेरे दो बहादुरों की विधवाओं का पुनर्विवाह था, जो मेरे सी.ओ. कार्यकाल में ऑपरेशन के दौरान मारे गए थे।

बीस साल पहले मुझे अपनी बटालियन का सी.ओ. नियुक्त होने का सौभाग्य मिला, जो एल.ओ.सी. पर तैनात था। अगले तीन वर्षों में हम बहुत से आतंकवाद-रोधी अभियानों में सक्रिय रहे, जिसमें मैंने आठ अधिकारियों और जवानों को खोया। उनमें से एक मेजर रोहित शर्मा थे, जिन्हें 'शौर्य चक्र' (मरणोपरांत) से सम्मानित किया गया था। रोहित की शादी को केवल दो साल हुए थे।

मेरी खुशी का कोई ठिकाना नहीं रहा, जब एक युवा, बहादुर, अपने सैनिकों एवं वरिष्ठों द्वारा समान रूप से पसंद और सम्मानित अधिकारी मेजर मनोज देशपांडे ने युवा विधवा निवेदिता से शादी करने के प्रस्ताव के साथ मुझसे संपर्क किया। वह रोहित का भी बहुत अच्छा साथी और उसका बड़ा प्रशंसक था। माता-पिता और परिवार को समझाना आसान नहीं था; लेकिन आखिरकार चीजें रास्ते पर आ गईं।

मेजर मनोज देशपांडे को उस स्थान पर ही हमारे कार्यकाल के दौरान एक और साहसी ऑपरेशन में 'वीर चक्र' से सम्मानित किया गया था। बाद में वह पूर्वोत्तर में एक परिचालन क्षेत्र में हमारी बहादुर बटालियन की कमान सँभालने गया। इस जोड़े को दो प्यारे बच्चे—एक लड़की और एक लड़का हुआ। दोनों अब वयस्क हो गए हैं।

दूसरी शादी एक अन्य बहादुर सैनिक लांस नायक अनतर सिंह की विधवा की थी, जिन्हें आतंकवादियों से मुठभेड़ के बाद मरणोपरांत 'सेना पदक' से सम्मानित किया गया था। वे अपने पीछे अपनी युवा विधवा और दो महीने की बेटी छोड़ गए थे। उनके गाँव में शोक सभा के दौरान मैं दूसरी रेजीमेंट के एक सैनिक अनतर सिंह के छोटे भाई राजिंदर सिंह से मिला। वह सेना में दुःखी था और नौकरी छोड़ना चाहता था। मैंने उसे

ऐसा करने में मदद की और उसने अपनी भाभी जसबीर कौर से शादी की, जो अपने क्षेत्र में एक सांस्कृतिक आदर्श है। आज उस दंपती के दो और बेटे हैं। अनतर की बेटी की शादी पंजाब रेजीमेंट के एक सेवारत सैनिक से हुई, जबकि जसबीर कौर और राजिंदर का बड़ा बेटा जम्मू व कश्मीर लाइट इन्फैंट्री प्रशिक्षण केंद्र में सैन्य प्रशिक्षण में है।

जब आप सी.ओ. होते हैं तो आप वास्तव में परिवार के प्रमुख की तरह महसूस करते हैं और मुझे इससे अधिक खुशी किसी बात ने नहीं दी, आतंकवाद-विरोधी अभियानों में और अधिक। सेना एक महान् स्कूल है और जो कुछ भी मैं जानता हूँ, सबकुछ यहीं पर सीखा है और सबसे बढ़कर, यह एक ऐसा परिवार है, जिसने मुझे बढ़-चढ़कर दोस्ती और ज्यादा अच्छी यादें दी हैं। वास्तव में, सेना और राष्ट्र की सेवा करना बड़े सम्मान और गौरव की बात है।

जय हिंद!

□□□